Coaching A to Z: The Extraordinary Use of Ordinary Words

著
ヘスン・ムーン
Haesun Moon

監修
伊藤 守
株式会社コーチ・エィ

訳
田村 加代

未来を変えるコーチング

Coaching A to Z

Discover

COACHING A TO Z: The Extraordinary Use of Ordinary Words
by Haesun Moon, PhD

監修者まえがき

本書は、10年以上にわたり対話型コーチングの働きの研究を行ってきた、コミュニケーション科学の専門家であるヘスン・ムーン（Haesun Moon）氏の著書『Coaching A to Z : The Extraordinary Use of Ordinary Words』を翻訳したものです。

著者が蓄積してきた研究成果を豊富な事例とともに平易な言葉で紹介しており、コーチングだけでなく、広くさまざまなコミュニケーションの場面に応用できる点が魅力的です。

著者は「この本はよりよい対話を実現するための贈り物です」と述べています。よい対話は人に居場所を作り、癒しを与えてくれると彼女は言います。本書には、そのような対話はどのようにして創り出せるのかが実践的な視点から書かれています。

私たちは対話を通じて癒されると感じることがありますが、では、実際にどのように癒されるのか？　どんな話をすれば癒されるのか？　そんな疑問から、著者は1万時間以上にわたる会話の仕組みの研究を行い、本書のベースとなるフレームワーク、「**リスニング・コンパス**」（p.25）を導き出しました。

「リスニング・コンパス」とは、**自身の言葉の使い方や考え方のポジション**を4象限で表現したものです。過去から未来を表す水平な軸と、内容が望ましいものか望ましくないものかを表す垂直な軸で区切られています。これが会話や対話の指針となり、望ましい未来（第1象限）や充実した過去（第2象限）に向かって進んでいけばよいことになります。

そして、この会話・対話には、自身とのコミュニケーションも含まれています。本書には他者との対話だけでなく、内省による自分との対話についてもヒントが示されています。対話においては、自分との対話と相手との対話とが関連しながら起こっていることもよく理解できます。

著者がさまざまな組織の中で使われている言葉をテキスト分析したところ、ある決まった範囲の言葉や言い回しが使われること、そして組織の構造ややり方に変化を起こすと、使われる言葉も変化することが分かりました。

それと同じように、人も知らない間に、自分が使っている言葉によって変化している可能性があります。「リスニング・コンパス」で表現されるように、人は、望ましくない未来や、辛かった過去といった場所に定着してしまいがちですが、そこから移動していくこともできるのです。

しかも1人で変化を起こしていくというよりは、**関係の中で変化を起こしていくのです。**そのために、テーマを持って人と話していくことが有効です。コーチだけなく、先生でも親でも同じです。1ヶ所のネガティブなところ（象限）に立ち止まらず、もっと可能性のあるところへ移動していきます。

その人がどこにいるのかを探し、その人が過去に何を学んだか、あるいは未来にどんな期待をしているかにフォーカスしていく。相手がどのような未来を構築できるかというスタンスに立ち、前進することを前提に対話をしていくことが重要です。

コーチングにおいて「相手の話を聞く」ことの必要性はよく言われます。しかし、聞き方については漠然としていて、「相手が言っていることを全部聞く」とされているようなところがありました。結局、全部の話を聞けるわけではないので、それぞれのコーチが情報をスクリーニングしてしまい、聞く側のバイアスが加わるような状態になります。

リスニング・コンパスは、そのような偏りを減らし、自分の中で「**聞きやすい状態にして聞く**」ことができる点で、優れたアプローチと言えるでしょう。

本書が、ご自身の仕事や生活の中で、人にどう問いかけ、自分とどう対話するかを考えるきっかけになれば嬉しく思います。

2023年5月
株式会社コーチ・エィ 取締役 ファウンダー
伊藤　守

推薦の言葉

「本書は、知見と洞察に裏付けられた、創意に富む対話の実例であふれている。セラピストやカウンセラーやコーチは無論のこと、日常の人間関係を豊かにしたいすべての人に役立つはずだ。読後感さわやかな一冊」

――ケネス・J・ガーゲン　ｐｈＤ（心理学博士）、タオス・インスティチュート所長
『関係からはじまる　社会構成主義がひらく人間観』（ナカニシヤ出版）著者

「コーチとしての経験豊富な著者が、解決志向の技法について、自身がクライアントや家族・友人との対話に生かした具体例を紹介しながら解説。コーチングへの前向きな取り組み方をわかりやすく示した、実践的で納得のいく指南書である。プロのコーチであるなしにかかわらず、本書から学ぶものは多く、クライアントとの対話のみならず、同僚・友人・家族との会話に大いに活用できるだろう」

――ピーター・ディヤング　ｐｈＤ、米国ミシガン州カルバン大学名誉教授（社会学・ソーシャルワーク）、メンタルヘルス・セラピスト

『解決のための面接技法　ソリューション・フォーカストアプローチの手引き』（金剛出版）共著者

「『誰もが読むべき！』と思う本にときどき出会うが、『未来を変えるコーチング』もその一冊。目からウロコが落ちる、早速実践してみたくなる内容が満載だ。著者は、言語（及びコミュニケーション）には、既存の認識を変えて新たな現実認識を生み出す力があることを明示する。そして、自ら開発したメタ理論である『リスニング・コンパス』や、各章で語られるストーリー、章末に設けた『自己対話のためのヒント』を通して、ナラティブ（語り）の力を利用したコーチング法を毎日の生活に応用できるものにしている。本書にふんだんに盛り込まれた、著者自身の家族をめぐる心温まるエピソードや、国や文化を超えたコーチングの経験談は、読む者を著者の対話の世界へといざなう。そこでは、対話には常に別視点が加えられ、どんな状況でも、その状況及びそこに置かれた人に備わったポジティブな要素が最大限に生かされるのだ。コーチ、教育者、子どもを持つ親等々、立場を問わず、著者の父上のように『ガラクタを宝物に変える』ことを願う人にぜひ、一読をお薦めしたい。そして、いかに言葉の使い方次第でポジティブな可能性に満ちた選択肢が生まれるか、実感してほしい」

——ダイアナ・ホイットニー　ｐｈＤ、コーポレーション・フォー・ポジティブチェンジ（訳注：経営コンサルティング会社）創立者、タオス・インスティチュート共同創立者
『ポジティブ・チェンジ　主体性と組織力を高めるＡＩ』（ヒューマンバリュー）、『なぜ、あのリーダーの職場は明るいのか？　ポジティブ・パワーを引き出す５つの思考法』（日本経済新聞社）、『*Thriving Women, Thriving World: An Invitation to Dialogue, Healing, and Inspired Actions*（未邦訳）』共著者

「『未来を変えるコーチング』は、楽しく読んで多くを学べる、「癒す対話」の手引き書だ。著者は長年の研究と実践の成果をシンプルでわかりやすい概念に集約し、私たちが日常的に口にする言葉や質問がどのように相手や自分の力を引き出し、希望を生み、可能性を開くのか教えてくれる」

——アマンダ・トロステン＝ブルーム　コーポレーション・フォー・ポジティブチェンジ代表取締役、ポジティブチェンジ・ロッキーマウンテンセンター所長
『ポジティブ・チェンジ　主体性と組織力を高めるＡＩ』（ヒューマンバリュー）、『*Encyclopedia of Positive Questions*（未邦訳）』共著者

「著者のワークショップに参加したり講義を受けたりしたことがあるなら、全編を通じて著者の持ち前のウィットと、この分野における深い造詣が見事なストーリーを紡いでいるのがわかるだろう。『未来を変えるコーチング』は、自己との対話も周囲との関係も充実させるために効果的な実践ツールやコンセプトを提供してくれる。さらに、自分にとって大

切なものに意識を向けること、自分の成長を認めて喜ぶことの重要性を忘れないための視座をわかりやすく提示してくれる。コーチ・教師・セラピストが職場で活用できるばかりか日常生活にも応用できる良書」

——クリスティン・ボディフォード　ｐｈＤ、コミュニティー・ストレングス（訳注：地域社会・組織・人間関係コンサルティング会社）所長、米国カリフォルニア州ドミニカン大学特任教授
論文多数

「本書に収められたストーリーの数々を（心に沁みるものから、笑いを誘うものまで）読み進めるうちに、その根底にある前向きのマインドセットが見えてくる。『未来を変えるコーチング』は、心理療法の専門家が多用する難しい言葉で読者を煙に巻いたりしない。本書は、コーチ歴・セラピスト歴の長い読者には謙虚さを忘れないため、入門者には学びのために必携の書。著者は決して自分の考えを押しつけることなく、平易で理にかなったコツを気前よく全編にちりばめている。この分野を生業とする者には非常にありがたい。コラボレーティブ（協働的）セラピー及びコーチングに関心のある向きにお薦めの一冊。読みながら泣いたり笑ったりすること請け合いである」

——ハリー・コーマン　ＭＤ（医学士）、短期療法（ブリーフセラピー）セラピスト、（訳注：スウェーデンの都市マルメ所在の）ＳＩＫＴ

（スカベルシェ短期療法研究所）所長及び指導教官
『*More Than Miracles：The State of The Art of Solution-Focused Brief Therapy*（未邦訳）』共著者

「著者は、豊富な現場経験と研究実績に基づき、ポジティブな変化のプロセスに共通する基本的な対話モデルを抽出した。これは、他者の『望ましい未来』づくりのサポートを仕事にする人にとって、新たな突破口が開けたことを意味する。私は長年にわたりエグゼクティブコーチングの分野で様々な手法を学び、用いてきたが、どれもこの対話モデルには及ばない。この大躍進のおかげで、多くの人が自分の力を最大限に生かした人生を歩むようになるだろう。さあ、本書を読んで、早速、毎日の会話に応用しよう」

――キャロライン・アダムス・ミラー　ＭＡＰＰ（ペンシルベニア大学応用ポジティブ心理学修士）
『実戦版ＧＲＩＴ　やり抜く力を手に入れる　あなたのパフォーマンスを最大限に引き出す科学的な方法』（すばる舎）、『*Creating Your Best Life: The Ultimate Life List Guide*（未邦訳）』共著者、『My Name Is Caroline（未邦訳）』著者

パパへ

パパのストーリー。パパと私のストーリー。
そして今は、私のストーリー。
この本を手にしている姿を想像しながら、
会いたくてたまりません。

—

ママへ

心の目が見えるように、
心の耳が聴こえるように育ててくれて、ありがとう。
この本は、感謝と愛を込めた、
私からの贈りものです。

良い対話が優れた力を発揮する

誰かと「すごく充実した会話」を交わしたときのことを覚えていますか？
そのとき、会話の相手は誰だったでしょうか？
そして、話題は何でしたか？
なぜ、それほどの充実感があったのでしょう？

生まれつき会話のセンスに恵まれているような人がときどきいます。そういう人と話していると、「わかってもらえた」「認めてもらえた」という手応えを感じたり、気持ちが上向きになったり、自分が尊重されていると実感できたりします。
もし、すべての会話がそんなふうだったら、あなたの毎日は全く違ってくると思いませんか？

会話や対話を意味する英語の「conversation」という言葉がもともと持っていた意味は、実は奥が深いのです。14世紀半ばの古フランス語では、*conversation*という単語は、人の「生き方」、つまり**その人が周りの世界とどのように関わるか**（態度、行い、習癖など）を意味していました。この単語の語源となったラテン語の*conversātiōnem*の意味は、「いつも住んでいる所」、言うなればあなたの住所です。やはり人の生き方に関係があります。

こうした古語の意味合いは現在の用法から薄れてしまいましたが、今でも比喩的な表現の中に、意味の変遷の跡を垣間見ることができます。例えば「どんなストーリーと共に暮らしていますか？」とか、「あなたの心に宿る物語とは？」「あなたの心を占めているものは何だろう？」というように。

私たちが人生で出会うストーリーは、私たちの心にうったえかけ、心に届いたストーリーに私たちの意識が共感します。つまり心の耳で聴き、心の声で呼応するのです。ストーリーのなかには私たちを傷つけるものもあれば、癒すものもあります。

癒しを目的に対話を行う慣習は、おそらく、人類が文字記録を始める遥か以前からあったと思われますが、20世紀に入ってからは、こうした対話の一部が「トークセラピー」という形で記録されてきました。

トークセラピーは、文字通り「語り（ナラティブ）による癒し」です（ナラティブはラテン語の*narrare*から、セラピーはギリシャ語の*therapeia*から派生）。けれどもトークセラピーは、通例、相談者が「語る（自分が抱えている問題を話す）」ことで癒される可能性を大前提としているため、たとえ相談者の認識に歪んだ論理が見られようと、潜在意識に深く根を下ろしている筋書きがあろうと、本人が話す内容に大きく依存します。

コミュニケーション科学が専門の私は、「話すことにはどんな働きがあって、癒しをもたらすのだろう？　どんな話が癒しにつながるのだろうか？」という疑問を持ち、それをきっかけに、対話型コーチングの働きを解き明かすための研究に乗り出しました。それが、10年にわたる大プロジェクトとなったのです。

合計1万時間を優に超える会話のレコーディングを分析して単純な事実に気づき、結果として私自身のコーチングの方法を根本的に変え、さらに、コーチを育成する立場にある者として教授法も書き直すこととなりました。

その気づきとは、「**癒しにならないナラティブもある！**」ということです。

「話したら癒される」（トークセラピー）と決めてかからずに、「癒しになる話し合い」（セラピューティックトーク）を目指さなくてはいけません。ときには、対話しながら、癒しにつながるナラティブを紡いでいく必要もありそうです。

頭がこんがらがりそうですが、この方向性が正しいとして、では、どうすれば癒しをもたらすナラティブを見分けられるのでしょうか。それを対話の中でどうやって紡げばよいのでしょう。

そう、対話に潜む魔法の力はそこにあるのです。2人の人が会話を始めると、まるで「アブラカダブラ、我らが口より出づる言葉で物語を紡げ！」と呪文をかけたようにストーリーが流れ始め、言葉の意味が共有されて2人のストーリーが合流します。向き合って座る2人の間の空間に、ストーリーが展開するのです。小さな支流のようなエピソードが次々に語られ、聴かれ、目前に繰り広げられます。

両者は、互いのやりとりから生まれて変容を続けるストーリーの共著者であると同時に、ストーリーが自ずと立ち上がる過程の傍観者でもあるのです。どうりで、私たちはよく「どうしてこんな話になったんだっけ？」と不思議に思うわけです。

本書の出発点は、たぶんそこにあったのだと思います。

度々脱線し、話の出口を見失い、自ら語る話の途中で迷子になってしまう人がいるいっぽうで、話が逸れても難なくまた軌道に戻り、近道を見つけ、それればかりか、まだ馴染みのない領域に道を拓いていく人もいます。その違いは、どこから来るのでしょうか。

私は、様々な人が話してくれる、とりとめのないストーリーの流れを追う経験を重ねるうちに、いとも単純な図にたどり着きました。「リスニング・コンパス（聴き方の羅針盤）」です。この図には、中央で交差する縦軸と横軸があります。横軸は過去から未来への時間軸。縦軸は、横軸を境に上部がポジティブな内容、下部がネガティブな内容を示します。人が自分について語る内容は、たいてい「過去」か「未来」のどちらかに属し、また「望ましいもの」か「望ましくないもの」のどちらかに属します（図の左から右に向かって過去から未来に

リスニング・コンパス（聴き方の羅針盤）

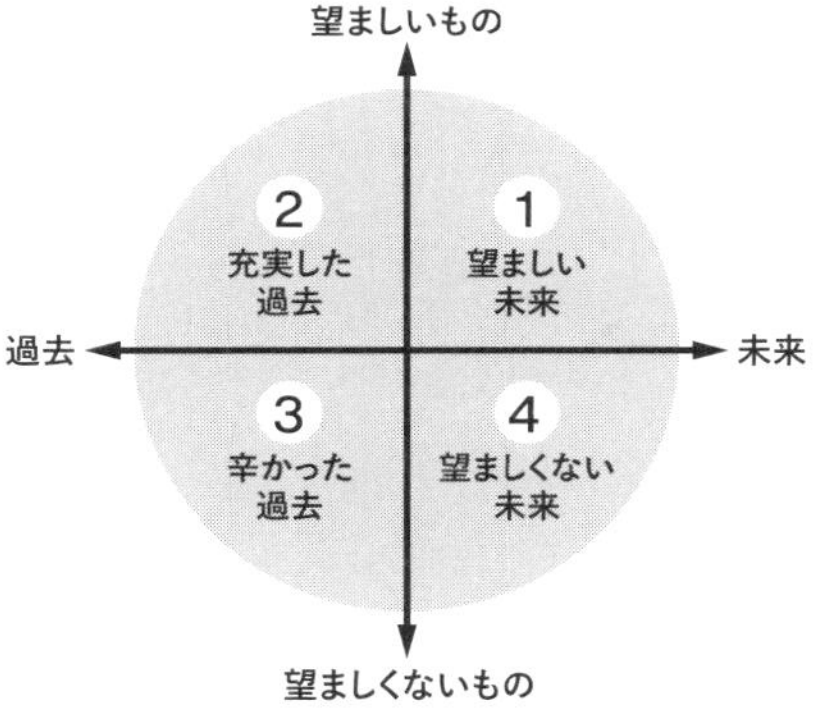

From Moon, H. (2020). Coaching: Using ordinary words in extraordinary ways. In S. McNamee, M.M. Gergen, C. Camargo-Borges & E.F. Rasera (Eds.), The SAGE handbook of social constructionist practice (pp. 246–257). SAGE Publications

移り、上から下に向かって望ましさの度合いが下がります）。

時計と反対回りに右上から順に、４つの領域（象限）は次のようになります。

1　望ましい未来
2　充実した過去
3　辛かった過去
4　望ましくない未来

あなたのストーリーは、主にどこを住処にしているでしょうか。もし、辛かった過去（第3象限）や望ましくない未来（第4象限）があなたの足枷になっているなら、一番近い出口はどこでしょう。望ましい未来（第1象限）や充実した過去（第2象限）への近道はあるでしょうか。あなたはどこに住みたいと思いますか。

ここまで読んで、「この本はセラピーの本？　コーチングの本？　それとも自己啓発の本？」と首を傾げている読者もいるかもしれません。その疑問に対しては、「全部、正解！」と笑顔で即答いたします。

私は、様々な理由で本書を手にとってくださった皆さんの共通点は、人生にポジティブな変化を望んでいて（第1象限）、かつすでにその方向に向かって努力している（第2象限）ことだと考えています。というのは、辛かった過去や望ましくない未来にも、「望ましいもの」や「望ましい方向に前進しているもの」は何なのか、明確にする働きがあるからです。

この図を「癒しの枠組み《フレームワーク・オブ・ヒーリング》」と呼ぶ人もいますし、「相互作用の発見的手法《ヒューリスティック・オブ・インタラクション》」という呼称で研究者が言及するのも耳にしました。何を隠そう、私自身、この会話の羅針盤に「対話的方向づけ4象限（ダイアロジック・オリエンテーション・クワドラント）」というかしこまった名を付けました。

どの名称があなたにしっくりくるかはともかく、要するに会話のGPSだと考えて、あなたが誰かと会話の海に乗り出すとき（相手が職場の同僚や部下であれ、家族、クライアント、教え子、友人であれ）、共にストーリーをナビゲートするための羅針盤として活用してください。

会話の舵取りをマスターするのは、決して至難の業ではないのです。私が万単位の時間を費やし、その成果として博士号を得た研究に基づいて自信を持って申し上げますが、どうやら、対話によるストーリー作りの基本は、「**ごくふつうの言葉をポジティブに使う**」という、いたってシンプルなことなのです。

というわけで、「アルファベットを覚えるくらい簡単！」という熱いメッセージを本書に託しました。本書を読んでくださったあなたが、自分自身とも周りの人とも、今までと違う話し方で会話するようになれば、それほど嬉しいことはありません。時間に余裕のない毎日を送っている読者を意識して、ちょっと一息入れる合間にも読める構成にしてあります。逆に、人生の転機を迎えて小休止中の読者には、学びのための長期休暇《サバティカル》の教材として役立ててもらえるように、各章末に「自己対話のためのヒント」を添えて、休憩時間に利用できるようにしました。

あなたも、本書に登場する様々なストーリーを頭に描き、そこから得た気づきや学びを心に留め、自己対話の課題に取り組んで、毎日の会話を、ぜひ今までと違ったものにしませんか。何と言っても、あなたの会話は、あなたが一生を過ごす住まいなのですから。

親愛を込めて
ヘスン・ムーン
トロントにて

Already

目指す先の指標ではなく、すでに積み重ねた努力に注目しよう

あなたも、誰かに「あとちょっとで目標に届くよ」とか「もう少し頑張れ」と言われた経験がありませんか。

数年前、私は交通事故に遭ってリハビリを受けていました。筋力回復のため、専門の異なる数人の療法士がリハビリに関わってくれましたが、私のようにやる気のない患者でさえモチベーションが上がるように、彼らが各人各様の秘策を携えて持ち場に臨む様子は、興味深いものがありました。

「頑張れ、もう少しいける。あと3回!」。トレーナーのトムは、限界への挑戦をけしかけるのが特技のようでした。

「運動を怠ると、今ある筋肉もいずれ失いますよ」。セラピストのセオは、不安を煽って挑

発するのが得意でした。

たまに、「事故に遭う前からもっと身体を動かしていれば、回復がもっと早いんですがね」などと、私の不甲斐なさを責めるようなことを言う療法士もいました。そう言われてやる気が出るでしょうか？

そんなある日、小柄な若いトレーナーが私の担当になりました。

「こんにちは。ダイアンです、よろしく」

「あの……、今日はどこを鍛える運動ですか」。私は早くも疲労感に襲われながら尋ねました。通常の30分メニューは、5種類のエクササイズを繰り返し3セット行うものだったのです（私が食い下がれば、2セットに減らしてもらえる日もありましたが）。

「そうですねえ、これまでどこを重点的に鍛えてきましたか？」

「脚と、腰だと思いますけど」

すると、ダイアンがメモを取りながら「その目的は？」と聞くのです。

私は、なぜカルテに書いてあるようなことをわざわざ質問するのだろう、彼女は新人なのかな、と思いながら「筋力強化じゃないですか？　それとバランス能力の回復と」と答えました。

「筋力とバランスね……なるほど。どんなときに、身体のどの部分に筋力とバランス能力が戻ってきたと感じますか？」。ダイアンのこの質問は意外でした。そんな質問をされたのは初めてだったのです。彼女以外のトレーナーは、最も力が入らないのはどんなときか、最もバランスを取りにくいのはどの姿勢か、それが日常生活にどう支障をきたしているか、と聞くのが常だったからです。

「ええと……教壇に立っているときですね。それに、最近は8時間通して仕事をしても大丈夫だという自信がつきました。疲れませんし、痛みもありません」

ダイアンはメモを取る手を止め、「お仕事が楽しいんですね」と、私に笑顔を向けて言いました。

「確かに、その通りですね」と、私が笑顔で返すと、ダイアンがこう言ったのです。

「とすると、あなたは大好きな仕事を続けるために筋力とバランス能力を鍛えるのが大事だとわかっているし……本来のご自分のペースで仕事ができる状態まで、すでに回復されたみたいですね。それで、これだけの筋力とバランス能力を取り戻すのに、これまで何をしましたか？」

対話の核心にあるもの

コーチングの対話の核心に必ずあるのは、**相手が何を望んでいるのか**、という問いです。何か（または誰か）の変化を望む人もいれば、維持したいものがあると言う人もいます。対話の相手が、何を望んでいるのか話してくれたら、あなたならどう対応するでしょうか。その望みの内容を、もう少し突き詰めてみるのではないでしょうか。私たちは、こうした望みを「ゴール」「結果」「目標」など、終着点や目的地を意味する言葉で呼んでいます。

次に、もう一歩踏み込んで、**どうすればその人がゴールに到達できるかを煮詰めてみる**のではないでしょうか。私たちはそれを「行動計画」「戦略」「次のステップ」など、終着点への到達手段を意味する言葉で呼んでいます。あなたも、このような対話を通して、取り組むべき課題を満載した計画を打ち出した経験が、一度ならずあると思います。

私の経験から言えば、人は、望む結果を手に入れるための計画を詳細に練ったところで、必ずしも奮起するわけではありません。**自分がなぜ、その結果を望んでいるのか気づいたときに、やる気が湧いてくる**ケースがほとんどなのです。ある結果を望む「理由」が明確になると（例えば「今運動するのは、大好きな仕事を続ける体力を養いたいから」）、その結果を導く「手段」に自ずと身が入ります（「5種類のエクササイズを3セットやる」）。そして、目指す方向に自分はすでにこんなに前進したのだと気づく経験（「これだけの筋力とバランス能力を取り戻すのに、これまで何をしましたか？」と聞かれたときなど）を重ねると、充足感も持続します。

コーチやトレーナーに限らず、すべての対話における聴き手の役割は、「もう少しだ！」と相手を激励し続けることではありません。対話の相手自身が、目指す方向に向かって自分がすでに実践している取り組みに気づくよう、そっといざなうのが良い聴き手なのです。

”

人は、望む結果を
手に入れるための計画を
詳細に練ったところで、
必ずしも奮起するわけではありません。
自分がなぜ、その結果を
望んでいるのか気づいたときに、
やる気が湧いてくる
ケースがほとんどなのです。

“

自己対話のためのヒント

あなたが「目的に向かって前進している」と意識した経験を思い出してください。大きな決断に迫られたときや、予期しなかった危機に直面したときかもしれません。あるいは、常日頃抱えていた悩みの解決に取り組んだ経験かもしれません。

- その経験は、自分にとって本当に大切なものが何なのか気づくのにどう役立ちましたか。
- その経験によって、あなたの「大切なもの」についてわかったことは何ですか。
- その「大切なもの」が、なぜあなたにとって大切なのか、すでにはっきりしていることは何ですか。

Becoming

本当に得たいものに意識を向け、実現に必要なものがすでに備わっていると信じよう

「大人になったらどんな人になりたい？」と、幼い頃に聞かれたときのことを、あなたは覚えていますか？

私のクラスメートの女の子は、「ナイチンゲール！」と真っ先に答えました。「シュヴァイツァー博士！」という子も何人もいました。クラスのみんなが次々に元気よく答え、警察官、学校の先生、科学者など、ありとあらゆる職業が飛び出します。私は、3歳か4歳の頃、この大きな問いを、両親から初めて投げかけられました。

私の答えは、「アーサー王訳注1になりたい！」でした。

そのときの両親の表情は覚えていませんが、当時まだ若かった2人は、戸惑い気味に顔を見合わせたのではないかと思います。でも、このやりとりがあったあとの母の対応は、今もよく覚えています。

「王様、お昼ごはんですよ」と母が私を呼ぶのです。

「ヘスン王陛下、お皿を流し台まで運んでください」と、催促もしました。

母は、まるで私が何でもなりたいものになれると信じていたかのように、いつも私の望み通りの呼び名で呼んでくれました。「アーサー王」以降、私の呼び名はめまぐるしく変わりました。「ムーン宇宙飛行士」「名探偵ヘスン」「ミス・ムーン特派員」と、夢の職業が変わる度にニックネームも変わるのです。

成長するにつれて卒業した夢もあれば、叶わなくなった夢もありました。「大人になったら……」という問いからすっかり遠ざかっていたある日、幼い甥っ子の口を通してこの問いが再浮上しました。

「おばちゃんは、子どもの頃、何になりたかったの？」

夕食のお寿司に箸を伸ばしていた父が顔を上げ、父の向かいに座っていた母もピクリと聞き耳を立てました。

「私がなりたかったのはね……」と言いかけて、脳裏を様々な思いや人物像が駆けめぐりました。私はふと目をそらしてから、甥っ子に向き直って答えました。

「おばちゃんはね、いつだって今の私になりたかったの」

「ふーん、そうなんだ」と、彼は特に驚いたふうでもなく、自分が投げかけた問いの重みに気づきもせず、夕食を口に運びながら言いました。そこで、私は甥っ子のお皿に蒸し野菜のお代わりをたっぷり盛りながら言いました。

「さあ、お野菜を全部食べなさいね、スパイダーマン」

そのあとも食卓を囲んでたわいないおしゃべりが続きましたが、私は両親がそっと笑みを交わすのを見逃しませんでした。

相手の「現実」をあるがままに受けとめる

コーチングを学び始めた頃、私は何人もの講師やメンターに、クライアントとの対話でコーチがするべきことは何か、助言を求めました。「良い質問をする」という答えもあれば、「親身になって傾聴する」という答えもありました。そのなかで特に心に残ったのは、解決志向（ソリューション・フォーカスト）アプローチ訳注2の開発者の1人で、私のメンターだったピーター・ディヤングのシンプルなこの問いです。

「君はクライアントの話を信じるかね？」

解決志向アプローチの生みの親、スティーブ・ド・シェイザーは、あるクライアントが「上の階の住人が天井越しに衝撃波を送ってくる」と確信を持って話したとき、すんなりと信じました。どういう意味かと言うと、スティーブは、クライアントが彼女なりの論理で説明するのに耳を傾け、彼女が自分を取り巻く世界をどのように理解しているかという点に注意を払い、話の信憑性にはこだわらなかったのです。クライアントの論理によると、彼女は上階の住人が送ってくる衝撃波が原因で、不眠に悩まされていました。そこで、このクライアントとの対話は、どうすれば安眠できるか、彼女に納得がいく筋道を立てて話し合う方向に進みました。

もうひとつ、クライアントの話をあるがままに受けとめたコーチングの例をあげましょう。解決志向アプローチをスティーブと共に生み出した、インスー・キム・バーグの経験談です。インスーの場合、クライアントが言った「奇跡が起こるまで私の人生はよくならない」という言葉が糸口になりました。このクライアントにとって、それは逆境を生き抜く論理だったのです。そうして彼女はいつか苦難がすべてなくなるのを願っていました。インスーが「奇跡」を信じていたかどうかは、ここでは関係ありません。インスーはクライアントを信じて、「奇跡が起こったら、何が変わりますか」と尋ねました。

のちに「ミラクル・クエスチョン（奇跡の質問）」という名称で呼ばれるようになった手法は、このときの対話から生まれたのです。今や「ミラクル・クエスチョン」は、心理療法やコーチング一般に広く取り入れられて、クライアントが思い描く「望ましい未来」、つまり夢や希望を探る働きかけのツールとして用いられています。

あなたは、誰かと向き合って会話しながら、その人が抱いている夢や希望にどう反応しますか。相手が、その人なりの生き方の流儀を話してくれるのを聴きながら、あなた自身の先入観に邪魔されて、まさかその人がすでに好ましい方向に進んでいるとは思えなかったりしませんか。相手が夢を現実に変えていく過程に、あなたならどのように立ち会い、その人自身が望んでいる自分像に近づきつつあるのを認めますか。

対話の相手が「望ましい自分になりつつある」ことを先入観なしに信じる「**ラディカル・アクセプタンス（あるがままの受容）**」は、プロのコーチ専用のツールではありません。大切な人たちとの関係を修復したり固めたりするために、誰もが使える接着剤なのです。

訳注1：「アーサー王伝説」は、5世紀後半～6世紀初めにブリタニア（今日のイギリス）に実在したとされる武将と、配下の騎士団にまつわる民間伝承をもとに、12～13世紀に創作された物語。アーサー王を架空の英雄とする学説もある。

訳注2：米国ミルウォーキーのブリーフ・ファミリーセラピー・センター（1978年設立）で、スティーブ・ド・シェイザー、インスー・キム・バーグが中心となって開発した短期療法。カウンセラーは専門家としてではなく「無知の姿勢」で臨み、問題の原因に焦点を当てず、クライアントの資質や例外的にうまくいっている点など、好ましい要素を発見して現実の認識を再構成することで、問題解決を目指す。

対話の相手が
「望ましい自分になりつつある」ことを
先入観なしに信じる
「ラディカル・アクセプタンス
（あるがままの受容）」は、
大切な人たちとの関係を
修復したり固めたりするために、
誰もが使える接着剤なのです。

自己対話のためのヒント

あなたが今日の自分になるまでに歩んできた道のりを振り返ると、その道のりであなたを信じてくれた人の顔が思い浮かびませんか。

- あなたの幼少期に、現在のあなたを予兆する個性が表れていましたか（興味を持ったものや熱中したもの、性格など）。
- 今までに叶った大きな夢や小さな夢は何ですか。あなたの夢に耳を傾け、あなたの可能性を信じてくれたのは誰でしたか。信じてくれた人の存在は、その人がいなかった場合と比べてどんな違いをもたらしたでしょうか。

では、これを実際の対話に応用してみましょう。

- 身近な人（クライアント、家族、友人、同僚など）に、「人生の困難を乗り越えて次第に明確になりつつあることは何か」聞いてみましょう。答えを傾聴するとき、困難の内容に気を取られないように心がけ、明確になりつつあるものの話に注意を払ってください。

Care

抱えている問題ではなく、大切にしているものに関心を持とう

朝、病院へ向かう道路はふだんの通勤と何ら変わらず、前の晩の降雪の影響は多少あったものの車の流れを止めるほどの悪天候ではなく、勤務先の病院の入り口付近には、いつもの通り渋滞が生じていました。でも、その日は友人のアンジェラが運転し、私たちはふだんと打って変わって言葉少なでした。

病院の私道に入る順番を待つ間、アンジェラはちらりと私のほうを向いて言いました。

「大丈夫よ。私、お祈りしているからね」

アンジェラの一言で、そうだ、今日は病院のスタッフとしてではなく、患者として来たのだと思い出しました。

「そこの角で降ろしてくれたら帰っていいよ。終わったら電話するから」

私はそう言って笑顔を見せました。

ところがアンジェラは首を横に振り、「だめ。一緒に行くわよ」と言うのです。


私はアンジェラと一緒に受付に行き、顔写真付きの身分証明証を差し出しながら、自分の手が震えているのを見つめました。受付のスタッフが「お名前と生年月日、住所を教えてください」と、3つの簡単な質問で私が本人であることを確認し、「更衣室はあちらです」と待合室の後方を指しました。私は厚ぼったい冬服を脱いで紐付きのビニール袋に押し込みました。水色の手術衣は薄くてぺらぺらで、結び紐を全部できるだけきつく締めても、まるで何も着ていないような頼りなさです。更衣室からおずおずと顔を出している私を係の看護師が見つけ、ストレッチャーが1台用意してある部屋へ誘導してくれました。すぐあとをアンジェラがついて来て、看護師が私の手首に患者識別用の蛍光イエローのリストバンドを巻き付け、続いて腕に点滴装置を付ける間、私と一緒にじっと待っていました。私よりもアンジェラの方が看護師にあれこれ質問するのを見て、私は気にかけてくれる人の存在に、妙な安心感を覚えました。そこへ、ストレッチャーを移送する係の男性スタッフが現れ、アンジェラは彼がストレッチャーを押し始める前に、私がそわそわ動かしていた手をとり、私の顔をじっと見て言いました。

「大丈夫よ。麻酔が覚める頃には迎えに来ているから」


移送係の男性スタッフは、ストレッチャーを押して廊下に出ると、手術室への移動を始めながら、満面の笑みで私を見下ろしました。

「ジェロームと申します。手術は初めてですか？」。その低音の声は、ニュース番組のスポーツコーナーに登場する、がっちりした体のスポーツキャスターをほうふつさせました。

「生まれて初めてです」。私も微笑んで答えました。

ジェロームは廊下の角を曲がりながら、「うちの病院は腕のいい先生ばかりですから、安心してください」と言ってうなずくと、私が答える前にこう続けました。「手術室に向かいます。お楽になさってください」


見慣れた病院内を、ストレッチャーの上に仰向けになって移動していくと、心が和らぐ眺めが視界に入ってきました。天井タイルです。手術室へと続く廊下の天井タイルには、

1つおきに絵やメッセージが手書きされていたのです。私の視線は、次々と過ぎてゆくタイルの柄を追いました。ジェロームは私を乗せたストレッチャーを押して廊下の角をさらにいくつか曲がり、ようやく停止しました。

「到着しましたよ、ムーンさん。手術の後で、また参ります」

「またあなたが来てくださるんですか？」。私は上体を少し起こして、立ち去りかけたジェロームに尋ねました。

ジェロームは振り返り、また満面の笑みで答えました。「はい、来ますよ。でも、そのときはまだ眠っていらっしゃるから、わからないと思いますけど。ではお大事に」

私は、手術室の外の廊下に取り残されました。思ったよりずっと静かで、人っ子ひとり見あたりません。廊下の右側の窓に目を向けると、私のオフィスが入っている棟が見えました。とりとめもない思いが浮かんでは消え、また横になると、左側の扉が開く音がして、同じ服装をした人物が3人現れました。薄い黄色の手術着、手術帽に同色のマスク。急に動悸がしました。すると、1人がマスクを少し下げて言ったのです。「ヘスン、じゃあ行きましょうか」。私が体を起こし、誰だろうと視線を走らせると、執刀医のグレースでした。

「なんだ、グレースだったの。その格好だと全然違って見えるわね」

グレースは、笑いながら「いつもの格好と、どっちが素敵？」と言うと、手術チームのメンバーを1人ずつ紹介してくれ、「さあ、どうぞ」と、まるで自宅の居間にでも迎えるような仕草で言いました。

グレースは私がストレッチャーから降りる際に手を貸してくれ、私と一緒に手術室に入りました。手術室は、想像とは全く違って照明は明るく、壁はクリーム色で、部屋の真ん中に小さな金属ベッドがありました。テレビドラマで見るような冷え冷えとした雰囲気ではありません。手術チームのメンバーが慌ただしく準備を整える間、グレースは、私に金属ベッド（つまり手術台）の上にまず腰をかけて、それから横になるように指示して、こう続けました。

「ベッドはちょっと冷たいかもしれないけど、枕は温めておきましたよ」

私が体をこわばらせていたのか、のろのろしていたのか、グレースがそばに来て、私の横に腰かけて尋ねました。

「大丈夫？」

なぜか私は涙ぐんでいたのです。グレースは手を伸ばして、私のぎゅっと握ったげんこつにそっと触れました。

「私がいるから大丈夫。終わるまでずっといますよ。だから心配しなさんな」

手術後、麻酔から覚めて最初に思い出したのは、手術室で眠りに落ちる直前の瞬間でした。グレースが、片手で酸素マスクを私の鼻と口にあてがいながら、もう片方の手で私の手を握ってくれていました。そして、「慈愛に満ちた」としか表現しようがない眼差しで、私をじっと見ていたのです。

ストーリーを単に語るのではなく、キュレートする

私はよく「コーチングをどう定義していますか」と聞かれます。その問いに対する私の答えは、「**目的・可能性・前進のストーリーをキュレートすること**」。

英語の「curate（キュレート）」という単語の語源は、ラテン語で「大切に扱う、気遣う」といった意味の名詞*cura*です。確かに、大事にしたいストーリーを選び、秩序立てて物語るという行為は、自分自身や周りの人を大切に扱うことを主体的に選択する行為と言えます。また、英語の「cure（癒す）」も、同じ語源から派生した言葉です。対話というものを、望まないストーリーに傷ついた心や、家族のナラティブに縛られている心を癒す体験として位置付ける考え方があるのもうなずけます。そして、そのような癒しの対話は、聴き手が全面的に「curiosity（関心）」を持って臨んでこそ、可能になるのです。なんと、この言葉にも、*cura*がその核心に潜んでいるではありませんか。

次の対話の「コーチ」があなただと想像してください。あなたは、ＡＪさんが「目的・可能性・前進のストーリー」をキュレートするのを手伝っています。

AJ——それで、たった今も悲観的な思考パターンにはまっています。古いレコードがバックグラウンドで繰り返しかかっているような感じです。その音が、ほかの日より大きい日があるんです。

コーチ──なるほど。もう少し詳しく聞かせてもらえませんか。

AJ──その悲観的な思考パターンというのは──

コーチ──あ、そういう意味じゃなくて、レコードの音が大きくなる日があるって──

AJ──そうなんです。昨日なんて特に。

コーチ──ということは、昨日ほどは音が大きくない日もあるのですか。

AJ──ええ、そうです。

コーチ──では、どんな日に、音がうんと小さくなるのか、教えてくれますか。

AJ──ええと……たいていは、友達が遊びに来ているときです。または、緊急のプロジェクトがあるときとか。

コーチ──つまり、友人が訪ねて来ているときや、プロジェクトに取り組んでいるときには、レコードの音量が下がるわけですね。

AJ──その通りです。意識がそちらに集中しているからでしょう。特に友達と一緒のときです。友達は私をよく理解してくれているので、ありのままの自分でいられるんです。

コーチ――なるほど……それは参考になります。

あなたが、相手の話のどの部分に関心を持つかで、その人自身が注意を向ける先も決まります。

あなたが、「何が問題なのか」に関心を持つと、何が間違っているのか、何がうまく機能していないのか、何が障害となっているのか、といった点を掘り下げる作業を相手に強いる質問を投げかけてしまいます。

いっぽう、対話の相手にとって「何が大切なのか」に関心を持てば、その人を、本当に大切なものや夢中になれるものを発見する旅にいざなえるのです。

”

相手にとって
「何が大切なのか」に
関心を持てば、
その人を、
本当に大切なものや
夢中になれるものを
発見する旅にいざなえるのです。

“

自己対話のためのヒント

あなたの周りに、あなたを理解してくれる人がいると感じますか。そのような人がいる場合、あなたもその人のことを理解できるのではありませんか。何か重要な部分でお互いにわかり合えた、心がつながったと感じた体験を思い出してみましょう。

- その人は、あなたが大切にしているどんなことを理解してくれますか。
- その人があなたを「気にかけてくれている」と、どんな形で実感しますか。逆に、その人はあなたの思いやりをどんなときに感じるでしょうか。

ダイアリーや預金通帳を見れば、持ち主が何に関心を持っているかわかるといいます。

- 現在使用中のダイアリーから、あなたが何に時間を費やしているとわかりますか。
- あなたにとって大切なことを優先して予定を組んだら、どんなスケジュールになるでしょうか。
- 一番大切なものを意図的に最優先したスケジュールで過ごした日は、最近ではいつでしたか。

Difference

未来をポジティブに変えたい気持ちにスイッチを入れ、過去のポジティブな経験にもスポットライトをあてよう

ある早朝のワークショップに参加したときのことです。進行役の人の提案で、会場の雰囲気をほぐす目的の質問が参加者に投げかけられました。私はこの類いのアクティビティが苦手です。「もし宝くじに当たったら、仕事を辞めますか？」という質問でした。私は気が乗らないまま、ペアの相手にこの問いを投げかけるために椅子の向きを変えました。

すると「あなただったら、辞めますか？」と、相手が先に聞いてきました。朝早い時間

に不似合いなほど、朗らかな声と表情です。

「辞めません。あなたは？」。そう返答してから、私は椅子の背もたれに寄りかかってコーヒーを一口飲みました。

「辞めると思います」

「意外な答えですね」と、私は驚いたというより、いぶかしむような声色で返しました。

「意外ですか？」

「今のお仕事が好きという印象を受けたもので」と、私は深い意図もなく言いました。

「ええ、仕事は好きです」と答えてから、その人は窓の外に視線を向けながら声を落として付け加えました。「でも、もっとやりたいことがほかにあるんです」


そのあとの数分間に、私は彼女について思いのほかよく知ることになりました。名前はクリス。宝くじの賞金で広い土地を買う。それもキャンプ場をつくるのに十分な大きさの土地を。

「あ、それから馬や、飼い主のいない保護犬とか、牛を飼う農場も」と、クリスは再び窓の外に視線を向けて続けました。キャンプ場にはキャビンをたくさん建てて、夏休みのキャンプやリトリート（保養合宿）のほか、会議やスクーリングなどに利用してもらう。農場では人も雇う。

「そうしたら、」とクリスは私に向き直って言いました。「発達障害のある子どもたちとその家族に来てもらって、一緒に過ごしてもらえます」

私は、うんうんとうなずき、一瞬遅れて彼女が言ったことが心に届き、私はここぞとばかりに万能の質問を発しました。「なるほど。それで、この構想にそれほどの思い入れがあるのはなぜですか？」

クリスが私の問いを吟味する間、彼女の眼鏡が朝日を反射してきらりと光りました。

「子どもたちには、とにかく……自分自身でいてほしい。そこにいるだけでいい。ありのままの自分で過ごしてほしい。子どもたちの家族には、いい骨休めになってほしいんです」

「家族には休養してもらって、子どもたちには、ありのままの自分で過ごしてほしいと」

「そうです」

「そうすることが、子どもたちと家族にとって意義があるわけですね？」

「ええ、もちろん。そういう機会があるかないかでは全然違います」

「どんなふうに違うのですか」

「子どもたちは、自分は独りぼっちじゃないってわかります」

「独りぼっちじゃないと」

「そうです。そして家族も、自分たちだけじゃないってわかります」

「そうなんですね」

「子どもたちは、お手伝いをして役に立ったり、アクティビティに参加したりするんです」

「このキャンプ場のアイデアを、前から思いめぐらしていらしたのですね」

「おっしゃる通りです」

「これはあなたにとって、とても大切なことなのですね。この構想が実現したら、あなた自身にとって何かが変わるのですか」


ここで制限時間の10分が過ぎてしまいました。進行役が、椅子をもとの位置に戻して正面を向くように呼びかけています。

「『よくやったね』ってロビンが喜んでくれるはずです」と、囁くようにクリスが言いました。

「ロビンって?」

「姉です。姉の思い出が形になります」。クリスは笑みを浮かべて答えました。

実現するポジティブな連鎖をたどる

私とクリスの会話が、「もし宝くじに当たったら」というたわいのない問いから、お姉さんへの思いにあふれた夢へと発展したのが不思議に思えるかもしれません。クリスは少し回り道をして、本当の願い事にたどり着いたように見えます。まず宝くじから土地へ。キャンプ場から家族の憩いの場へ。障害のある子どもたちへの思いやりから、お姉さんの思い出へ。でも、もしかすると結果的には回り道ではなくて、クリスにとってかけがえのないものを発見する近道だったのではないでしょうか。私とクリスはどうやってそこに行き着いたのでしょう?

私は、クリスの最初の願い事、「もし宝くじに当たったら、仕事を辞める」を糸口に、「では、もしそれが実現したら」と問い続け、今の彼女と違うもっとポジティブな未来像が浮かび上がってくるのをたどっただけなのです。つまり、宝くじに当たって仕事を辞めたら、土地を買ってキャンプ場をつくって、それから？　と。そして会話の終盤で明らかになった、彼女の本当の宝は何だったかというと、それはもちろん当たりくじではなく、お姉さんの思い出だったのです。

私たちはよく、「もし○○なら」と、今の自分とは違う人生の話をします。もし違う家族に生まれていたら。違う仕事に就いていたら。違う道を選んでいたら。何もカウンセリングでの話とは限りません。仕事中や授業中、「もし……」と様々な可能性やシナリオを夢想し、はたと現実に引き戻されて虚しさを覚える瞬間を、私も何度経験したでしょう。

私がコーチングを通して学んだ重要な教訓の1つが、「**違った聴き方をする**」ことです。対話の相手が語る夢のような話に耳を傾け、それを信じて、その夢についてもっと聞き出してみたらどうなるでしょうか。クリスの夢の糸をたぐってお姉さんにたどり着いたように、ポジティブな答えにつながるかもしれません。対話の相手が語る「もし○○なら」の夢を糸口に、小さな「もし」が生む違いの連鎖が最終的にどんな違いをもたらすのか、た

どっていけばいいのです。例えば、

・仮に、あなたの家族が全く違うタイプの家族に変貌したら、あなたの人生はどう変わるでしょうか？
・あなたの理想の仕事を思い浮かべてください。その仕事はあなたにどんな違いをもたらしますか。
・あなたが何か今とは違う選択をしたとします。あなたの人生は、どう違ってくるでしょうか。

聴き方をちょっと変えるだけで、意外とすぐに相手が、最も大切にしているものに行き着くものだとわかって拍子抜けしませんか。その人が「もし○○なら」と夢見る、小さな違いの一つひとつに注意を払ってください。小さな違いに大きな意義が隠れているのです。聴き手のあなたは、そうした小さな違いの積み重ねが最終的に意味するものを語り手自身が探っていく道すじを共にたどりながら、「もし実現したら何が変わる？」と、夢の一つひとつに反応してください。

”

単に違う問い方を
するだけではなく、
違う聴き方をするのが
コーチングだ。

“

自己対話のためのヒント

短時間でできる自分への問いかけを３つ用意しました。

- 人生のどの領域に、ポジティブな変化を起こしたいと思いますか。
- そのポジティブな変化が実現したとして、それは連鎖的にあなたの人生にどんな違いをもたらすと思いますか。
- そうやって連鎖的にもたらされた違いにより、あなた自身や周りの人の人生は、具体的に今とどう変わってくるでしょうか。なぜそれがあなたにとって重要なこと、意味のあることなのですか。

Else

別の視点や身近にある貴重なリソースを、積極的に取り入れよう

甥っ子が小学校2年生のときのことです。ある日、私は彼の防寒長靴を学校へ届けに行きました。教室に近づくと、ドアが開けてあり、なかから先生の声が聞こえてきました。

「では、3から9まで行くにはどうすればいいかな？」

私は子どもの頃、算数は好きではありませんでした。当時の教え方のせいかもしれませんし、公式をたくさん暗記させられたり、興味の湧かない問題ばかり解かされたりしたせいかもしれません。算数にストーリーはなく、想像力の入る隙間は皆無でした。答えは正しいか間違っているかどちらかです。それだけに、この先生の言葉を聞いて「なんて素敵な、子ども目線の足し算の教え方だろう」と、感心しました。

「はい、ジェレミー」と先生の声がしました。甥っ子が手をあげたようです。いいぞ、頑張れ！

「4をたします」。彼が自信たっぷりに答える声が聞こえました。

お見事！

……いや、待てよ。4をたす？　それでは9ではなくて7になるではないか。甥っ子よ、残念でした。私は先生が間違いを指摘するのを待ちました。

「オーケー。ほかには？」と、先生が聞いています。

ちょっと待って。「ほかには」ってどういう意味？

「今のところ、3たす4まできました。ほかにどうすれば、9に到達するでしょう」

黒板にチョークがコツコツとあたる音がします。

「3をたします！」と別の幼い声が弾けるように言いました。

あらら。またもや不正解。私は思わず首を横に振りました。
「おっと、9を通り過ぎてしまいましたね！」と先生の声。
チョークが黒板の上を滑る音と、生徒たちがクスクス笑う声が聞こえました。
「ほかにどうすればいいですか」。先生はさらに問いかけます。
「1をひく！」「マイナス1！」と口々に生徒たちが答えます。
「じゃーん。着きました！」。先生の朗らかな声が響きました。
「やったあ！」と、生徒たちから一斉に歓声があがります。
「皆さん、よくできました。もうひとつ解いてみましょうか」
信じ難いことに、みんなが賛成したのです。

「AかBのどちらか」から「AでもありBでもある」への発想の転換

私のクライアントも、1つの正解を探している人が少なくありません。自分の子育てが間違っていたのではと悩む母親。会社の運営に関する決断に自信を失った管理職の男性。

やりがいのある仕事を求めて転職活動中の若い人。「私の選択が間違っていなければよいのですが」と、クライアントが切り出して対話が始まることがよくあります。

正解か不正解か知りたいという人に対して、あなたならどんな言葉をかけますか。あらゆる問いに対してそのように明快な答えが出るなら、人生はもっと楽なはずではないでしょうか。

「お子さんの育て方をそう決めたのは、何か確固たる理由があったからではありませんか」と、私は憔悴した母親に声をかけました。

「お子さんに何を学んでほしいと望んでの方針ですか？」

すると彼女は、今にも泣きそうになりながら、「子どもには、どんな行動にも必ず何らかの報いがあるとわかってほしいんです」と言ってから、「今は私を恨めしく思うかもしれませんが、きっといつか感謝してくれると思います」と、ため息まじりにつぶやいたのです。

自信喪失した管理職のクライアントには、「他人の人生を左右する決断を下すのは容易ではありませんよ」と言葉をかけ、「ほかに、あなたが決めた方向性が間違っていないと確信させてくれるものがありますか？」と聞いてみました。

するど彼は、利益より人を重んじるシナリオに徹してきてよかったと思っている、と確信に満ちた声で答え、「でも、それを全員が知っているわけでも、支持してくれているわけでもないんです」と肩をすくめました。

そこで私は、「人を大切にしたいというあなたの思いを知っている人が、ほかにいますか」と、尋ねました。

彼はしばらくじっと考えてから、「一番身近な人たちです。彼らが私を信じて、味方をしてくれているので本当に心強いです」と、感慨深そうに言って微笑み、こう続けたのです。「それが私にとって何より大事です。だから、結局のところ間違っていないわけですね」

転職活動中の若いクライアントには、「きっとあなたは、意義を感じる仕事をしていたときは、何ものにも代え難い充実感があったのですね」と言葉をかけてから、「そういう充実感を、ほかにどんなときに感じますか？」と聞きました。するとその人は、「自分よりも大きな何かのために役立っているときです」と答えました。

私が心からよかったと思えるのは、人生のストーリーは三人三様でも、3人とも対話の終わりに同じ結論にたどり着いたことです。

「つまり、**私が進んでいる方向は間違ってはいない**わけですね」と。

”

対話は、

1つの答えを決めるのではなく、

選択肢を広げるのです。

“

自己対話のためのヒント

ではここで、違う角度から物事を考える頭の体操です。

- 小さな決断だと思ったことが、あとになってみると実は重要な決断だった、という経験を思い出してください。その経験から何を学びましたか？
- 今までの自分を振り返って、強く印象に残っているエピソードは何ですか。その経験について、別の解釈ができないでしょうか。
- その思い出の中の自分に会えるとして、今のあなたから、どんな助言や励ましの言葉をかけますか。

望ましくない慣れた行動パターンから、慣れないけれど望ましい行動パターンに変換しよう

First

3人きょうだいの末っ子の私は、いろいろなことを、上の2人を見て覚えながら育ちました。しゃべるのも、数を数えるのも、読み書きも、自分の番が来る前に見よう見まねで覚えてしまったので、できるようになった年齢は上の2人より早かったのです。母は、発達の目安年齢の前に何でも習得する私に満足そうでした。

しかし、それはあくまで、私が10代になる前に、いわゆるティーンの振る舞いを体得し始めるまでの話。私は、理由もなく不機嫌な態度をとったり、ヘッドホンの音量を上げて音楽を聴いたり、大人には何を聞かれても「知らない」または(もっとクールに)「どうでも」と、パーカーのフードを目深にかぶったまま答えたりするようになりました。

あなたも見覚え(または身に覚え)がありませんか?

私は例によってイライラしていたある日、「理由もなく母親にケンカを売る」スキルを試そうと、母が夕食の支度をしていたキッチンに、水を飲みに行くふりをして入って行きました。

「あら、お腹がすいたの？」と母は笑顔で言いました。

私はまず肩をすくめてから、当たり前のことを聞きました。

「お母さん。私、3人きょうだいの末っ子なんでしょ？」

「そうよ。そうなる確率は高いわよ」と母は冗談まじりに答えました。

「それなら、私より前に2人、子育てを練習する機会があったわけね？」

「それは、面白い見方だわねえ」。そう言って、母は少し考えている様子でした。

そこで、私は機を逃さず、あらかじめ考えておいたセリフを投げつけました。

「だったらどうして、私をもっと上手に育てなかったのよ。もっとうまく育てられたはずじゃないの」

母はちょっと驚いた顔で私を見つめました。

そして「確かにそうよね」と、ゆっくりうなずきながら言ったのです。「でもね、あなたを育てるのは初めてだったのよ。それで、今も現在進行形であなたを理解するようになっている途中なの。だって、あなたは日ごとにあなたらしくなっていくんですもの」

ますます笑顔になる母の前に突っ立ったままの私は、想定外の展開にばつが悪くなり、肩をすくめてからくるりと向きを変えて、再び不機嫌なそぶりで自室へ戻りかけました。ですが、なんだか脱力してしまった自分に気がつきました。しかも、さっきより背筋が伸びているではありませんか。私は、母の温かい視線を背中に感じながら、廊下を歩いて部屋に入り、ドアを閉めました。

最初に現れる良い兆しは何だろう?

私たちは、何でも初めての経験はよく覚えているものです。初めてのデート、初めて買った車、最初に就いた仕事。そして親になると、わが子が最初の言葉を口にするのを心待ちにし、次は最初の一歩を踏み出すのをわくわくして待つものです。ところが、子どもはあっという間に、親が「いいかげんにしなさい」というほどおしゃべりしたり、走り回ったりするようになります。最初の喜びは、あまりにあっけなく薄れてしまうのです。

コーチングの仕事で私がやりがいを感じる瞬間は、こうして次第に喜びを感じられなくなっている家族との対話中によく訪れます。まずは親や子が堰を切ったように、互いを威圧的だ、過干渉だ、生意気だと非難するストーリーを語り始めます。

「お父さんたら、自分が絶対正しいと思ってるんだから！」と、その生意気だという娘が不満をぶちまけます。

「この子は誰の言うことも聞かないんですよ！」。威圧的だと言われた父親も負けてはいません。

家族やチームのメンバーがこのような膠着戦に陥っている場合、私は次の質問をします。

「状況が少しでもよくなってきたとわかる兆しがあるとすれば、それは何でしょう？」

「お説教を始める前に、まず私の話を聞いてくれる」。娘がきっぱり言います。父親はため息をついて、首を振ります。

そこで私は、「では、あなたの言うように、お父さんが話を聞いてくれたら、あなたのほうは何が今とは違ってくるのかな？」と聞いてみました。

「たぶん……そうしたら……また、安心してお父さんと話せるようになる」と娘は言って、少々ふくれ面で父親を見上げました。

「じゃあ、お父さんと以前のように安心して話せるようになったら、あなたが最初にやることは何だろう？」

私がそう聞くと、まるで2人とも息を止めているような、長い沈黙が流れました。

「お父さんに悩みを相談して、アドバイスをもらったりするかも」

父親の顔に、かすかな驚きの表情が浮かび、2人はちらっと顔を見合わせました。

私たちは、確証バイアスの落とし穴に、性懲りもなく何度もはまってしまいます。**誰でも、自分が信じていることを裏付ける証拠を探す**ものです。この親子の場合は、互いに対する決めつけが確証バイアスになっていました。つまり父親を「威圧的だ」と思えばますます威圧的に見えるし、娘を「生意気だ」と思えばますますふてぶてしく見えるのです。

私たちは自分についても周りの人についても、偏った認識に基づいた「証拠」から人柄や行いのパターンを勝手にイメージしてしまいます。例えていうなら、偏見の糸で織物を作るようなものです。

この親子との対話で私がしたように、最初に現れる良い兆しや、最初にとるポジティブな行動は何かと尋ねると、まるで織り上げてしまったタペストリーをほどくために最初の1本の糸を引いたようになるケースがよくあります。

職場のマネージャーなら、部下に「チームのメンバーとの人間関係が改善してきたとわかる、最初の兆しは何だろう?」と問いかけてもいいでしょう。学校の先生なら、生徒に「この科目が苦手でなくなってきたとわかる、最初の兆しは何だろう?」と問うといいかもしれません。病院の医師なら、回復期の患者に「快方に向かっているとわかる（またはわかった）、最初の兆しは何か」と尋ねてみてはどうでしょう。

こんなふうに問われると、それまで見えなかったものが見えてきます。見たかったものが、見えるようになるのです。「最初の」という言葉は、**当たり前になってしまった周囲と**

の関わり方のパターンを、違う角度から見直すよう促してくれます。英語で敬意や尊重を意味する単語「リスペクト（respect）」は、まさに、「再び（re）」「見る（spect）」ことなのです。興味深い事実ではありませんか。

”

私たちは自分についても
他人についても、
自分の確信を裏付ける証拠を
探すものです。

“

自己対話のためのヒント

私たちが人生で遭遇する様々な状況は、その経験から学んだ教訓や将来への希望について考える機会を与えてくれるものですが、過去の苦い経験や不安な将来について思いめぐらすときは特に、前進に役立つ、違う角度から見直すとよいのです。

- 過去に経験した困難な状況を思い起こしてください。状況が改善し始めた最初の兆しは何でしたか。また、自分が前より上手に困難に対処するようになったと気づいたきっかけは何でしたか。
- 近い将来、あなたが直面するかもしれない困難な状況を想像してください。自分が進んでいる方向は間違っていないと最初に知らせてくれる、いくつかの兆しは何でしょうか。

Good (Enough)

人生を価値あるものにするために、人それぞれの尺度を尊重しよう

2歳児をお風呂に入れるなんてお安い御用、と思ったのです。甥っ子2人の面倒をみていたある日、幼いネイサンのお風呂の時間になりました。私は姉が甥っ子たちをお風呂に入れるのを見たことはありましたが、自分でやるのは初めてでした。でも、単にお風呂に入れるだけです。難しいわけがありません。

私は「お風呂の時間だよー」と呼びかけました。

「わーい」と2人は歓声をあげ、ネイサンはアヒルのおもちゃを、ジェレミーはディズニーキャラクターのタオルをつかんで、バスルームめがけて廊下を駆けてきました。私は「ちょっと待ってね」と、2人の間に割り込むように、手狭なマンションのバスルームに入りました。

洗面台の上にはミラー付きキャビネットがあり、鏡の右下の隅に、開け閉めの頻度の高さをうかがわせる指の跡がついています。そして洗面台とバスタブの間のギリギリのスペースに、座面の低いトイレが収まっています。バスタブの温水と冷水の丸っこいノブにはそれぞれ赤と青の丸い印がついていて、蛇口の下には、ポタポタ漏れる水のせいでうっすらと水あかの跡ができていました。温水のノブに、小粒の数珠つなぎのチェーンが引っ掛けてあり、その先に栓がぶらさがっています。

「じゃあ、お風呂にお湯を入れようね」と言いながら、私はバスタブの栓をはめました。

「オーケー」と5歳のジェレミーが答えます。

「オーキー」と真似る2歳のネイサンは、アヒルのおもちゃを手に、水遊びが待ち遠しそうです。

私が温水のノブを回すとキーッと音がして、熱いお湯がほとばしり出てきました。急いで冷水のノブも回しましたが、どれくらいの割合で温水と冷水が出ているのか見当がつきません。3人でしばらくじっと見ていたものの、私はお湯が熱すぎたり逆にぬるすぎたりしないか気になり始めました。

私は「やっぱり測ったほうがいいかな」と結論を声に出し、お風呂用の温度計がないか見回しました。

私が洗面台の下のキャビネットをガサゴソやっていると、「何探してるの？」とジェレミーが尋ねました。

「測るもの」と私は答えて、今度はミラー付きキャビネットの中をゴソゴソ探し始めました。

するとジェレミーが「ぼく、どこにあるか知ってる」と言いながらバスルームから飛び出していきました。

ネイサンは私を見上げて肩をすくめ、私は彼のぼさぼさ頭を撫でてやりました。キッチンで何やらガチャガチャいう音は、お湯が勢いよくバスタブを満たす音に紛れていました。そして一瞬ガチャガチャが止んだかと思うと、ジェレミーが走って戻ってきたのでバスルームはまた満員になりました。

そして、ジェレミーは「あったよ」と言いながら、黄色い巻尺を、新米おばの私に得意げに差し出したのです。

「あら」と、言葉に詰まりながら、私は日曜大工用の大きな巻尺を受け取りました。ジェレミーの後ろにいるネイサンを見ると、ネイサンは2回まばたきしました。

そこで、私が「よし、じゃあ測ろう」と言ってバスタブのほうを向くと、たちまち湯気で眼鏡が曇ってしまいました。私は温水と冷水のノブを閉めながら、ジェレミーに「紙と鉛筆を持ってきて」と頼みました。

ジェレミーは「オーケー！」と答え、またバスルームを飛び出し、ネイサンがそのあとをトコトコ追いかけます。

「走らないで歩いてね」と私は2人に注意しました。

メモ帳とペンを手に早足で戻ってくるジェレミーのすぐ後ろを、ネイサンがアヒルを持ったままついてきます。ジェレミーはペンの頭をカチッと押して待ち構え、私は巻尺からテープを引き出してバスタブを測り始めました。

「長さは、45インチ」と、私が数字を読み上げます。

「よん……じゅう……ご」。ジェレミーがゆっくり反復しながらメモ帳に書き込んでいる間に、私は、今度は幅を測るために体をずらしました。

「幅は、30インチ」

「さん……じゅう」とジェレミーはおうむ返しに言い、いっぽう、ネイサンはトイレの蓋の上によじのぼっています。

私がバスタブの高さを測るためよつん這いになると、ネイサンがトイレの上に立ったまま、私の肩に片手をついて寄りかかりました。

「高さは20インチ」

「にじゅ……」とジェレミーが書きかけたとき、私はよっこらせと立ち上がり、巻尺のボタンを押して巻き戻しました。ジェレミーが私を見上げます。

「ジェレミー、これじゃ知りたかったことはわからないんだよ」と私。

「そうなの?」。ジェレミーが不思議そうな顔をしました。「どうして?」

私は、「それはね、今測らなきゃいけないのは温度だから。知りたいのは、お湯の温度が熱すぎるかぬるすぎるか、だからよ」と答え、せっかくの学びの機会を逃さないように、ジェレミーに向かって「温度はどうやって測るのかな？」と尋ねました。

するとジェレミーは「なーんだ」と、弟のほうを向いて言うのです。「簡単だよ。ネイサンに聞いてごらん。ネイサンが入るお風呂だもん」。そのときネイサンが私の袖を引っ張ったので振り向くと、アヒルのおもちゃをバスタブにぽちゃんと放り込んだところでした。

「見てて」と、ネイサンは私の袖をつかんだまま言い、1分ほどすると、空いているほうの手を伸ばしてアヒルを拾い上げ、アヒルをひっくり返して底を見てから、ほら、と私にも見せてくれました。

「じゅうぶん、あったかい」

アヒルのおもちゃが温度センサー付きだと知って呆気にとられている私をよそに、ネイサンはジャブンとバスタブに入ると、親指を立ててこっくりうなずき、いい湯加減だと知らせてくれました。

「どうすればそこまで？」ではなく「どうやってここまで？」と聞こう

人は、仕事などに取り組むとき、もっと多くこなしたい、上達したいと思うものです。また、親は子どものためにもっといろいろしてやりたい、もっと子育て上手になりたいと切望します。職場のマネージャーは部下に、アウトプット（数量）を増やして成果（質）を上げるよう要求するでしょう。また、学生ならもっといい成績を取りたいと思うのではありませんか（もっと勉強したいとは、たぶん思わないでしょう）？

ある若いマネージャーが、「常にベストな自分でいたいんです」と言いました。

そこで、「なるほど。10段階評価で表すと、今日のあなたはどのへんでしょう」と聞いてみました。

「たぶん……6くらいでしょうか」。彼女が答えました。

その答えに対して、あなたなら何と返しますか。

けれどもコーチが催促しなくても、たいていの人は自分から説明を始めます。なぜ10ではなく、6（または10未満のほかの数字）に過ぎないのかと。そして、何かが足りないからだと言います。これは**「損失」のフレーミング効果**訳注3です。そう考える人は、10点満点を達成するにはどうすればよいか、計画を練りたいと強く希望するかもしれません。なぜなら、10点未満では不十分に思えるからです。その考え方に「待った」をかけたらどうなるでしょうか？

私は「そうですか、すでに6なのですね。どうやって6に進みましたか？」と尋ねました。

すると彼女は、「前回お会いしたときから、多少は進歩したと思います」と言って、なぜ今日は1でも2でも、5でもなくて6だと思うか、自ら説明してくれたのです。つまり、何か足りなかったのではなく、何かを有していたわけです。これは**「利益」のフレーミング効果**です。

利益のフレーミング効果を用いて自分の進歩に目を向けるようになれば、その進歩を促した何か（または誰か）の存在が明確になるかもしれません。そもそも段階評価は、進歩を具体的に示すツールです。つまり、焦点は「どうやってすでにそこまで来たか」であって、「どうすればもっと高い数値に届くか」ではないのです。

さて、対話の相手が自分にあるものや自分の進歩について話してくれたら、その先はどう対話を進めればよいのでしょう？　ここでつい、10点満点に近づかせようと意気込みたくなるかもしれませんが、それでは「今日の出来は、まだ不十分」との前提に立つことになります。それより、こう問いかけるといいでしょう。


「では、10段階のどこなら十分だと思いますか」

「そうですねえ……来週は6・5だったらいいですね」

「0・5伸びるといいわけですね」

「はい。小さな前進ということで」

「それでは、6・5になると、自分のどんなところがその時点で十分だと思いますか」

その人は、どうすれば0・5伸ばせるかではなく、0・5伸びると何が十分になるのか説明してくれるでしょう。そうしてその人が自分の生き方のロジックを語ってくれて対話が続いていきます。あなたはじっと耳を傾ければいいのです。その人が望んでいるもの、大事にしていること、関心を持っているものは何だろう、と。

訳注3：フレーミング効果とは、情報の焦点の置き方が意思決定に影響する認知バイアス。例えば「生存率90パーセント」と「死亡率10パーセント」は同じ意味を伝えるが、前者はポジティブな（利益の）フレーミング、後者はネガティブな（損失の）フレーミング。

「どうやってここまで来ましたか?」
という問いは、その人の生き方の
ロジック（論理）を引き出します。
そうしたら、その人が望んでいるもの、
大事にしていること、
関心を持っているものは何だろう、
とじっと耳を傾ければいいのです。

自己対話のためのヒント

今の自分について、見つめ直したい領域は何か考えてみましょう。例えば、仕事、恋愛、習慣、物事の選択基準、周囲の人との関係など。

- 10段階評価で、10がその領域であなたのベストな状態だとすると、今日のあなたはどのへんでしょうか。
- 今の数字にどうやって達しましたか。何に（または誰に）助けられましたか。また、自分自身のどんな努力が功を奏しましたか。
- 今日から4〜6週間後のあなたが、10段階のどこなら十分でしょうか。
- その「十分な」数値にいるあなたは、今と比べてどう違う（進歩している）でしょうか。

Hope

望ましい未来を実現するイメージを描き、人生の主導権を本人に握らせよう

よく晴れたある土曜日の午前中、電話の着信音がしたので見てみると見慣れない番号でしたが、しかたなく応答しました。

「もしもし？」と私。

「おはようございます。最高のお天気ですね」と電話の向こうの声が言いました。

私は相手が名乗らなかったのが少々癇に障りながら、「おはようございます。どちら様ですか」と尋ねました。

「○○会社のジョーと申しますが——」。何会社であろうと、明らかにテレマーケティングです。私は「すみません。何も買う予定はありません」と言って、切ろうとしました。

するとー「違いいます。セールスではありません。これからお聞きする3つの質問に答えて頂きたいだけです。人生が変わるかもしれません」と言いました。妙に説得力があります。

「なるほど。じゃ、お願いします」。私は、人生が変わるような問いを携えて電話してくるセールスパーソンに、正直、好奇心をそそられたのです。

「では、最初の質問です。人生で本当にやりたいことをやる時間が、もっとあればいいと思いませんか」

なーんだ、つまらない質問。

「そういう時間は、十分ありますけど」と私。

「あ、そうなんですか。ええと、それでは次の質問です。もっとたくさんお金を稼ぎたいと思いませんか」。電話の向こうのジョーは自信ありげです。

「うーん、それも答えはノーです。十分稼いでますから、今以上に要りません」と私は答えました。

「え、そうなんですか。珍しいですね。たいてい皆さんこれはイエスなんですが」と、ほとんど独り言のようにつぶやいてから、ジョーは「では、最後の質問。ええと、もっと幸せになりたくありませんか」と聞いてきました。

さて、この質問にはイエスと答えるのが道理なのはわかります。だって誰がノーと言うでしょうか。でも、質問自体がどうもフェアではない気がします。何しろ、世の中がこぞって「幸せにならなければいけない」というナラティブを私たちに押しつけるのですから。

そこで私は、「あのですね、私は今、自分の人生に満足しています」と、ゆっくりはっきり言って、そのまま通話を切っては失礼な気がして相手の反応を待ちました。

すると少し間を置いてから、ジョーが咳払いしてこう切り出しました。

「あの、失礼ですが、お仕事は何か聞いてもいいですか」。その声は、さっきよりいくらか落ち着いていました。ジョーはさらに「お話では、好きなお仕事で十分に稼いで、申し分なく幸せとのことですが」と付け加えました。

私は「まあ、そうですね」とにんまりしながら答えて、こう続けました。「私の仕事は、自分が本当は何を望んでいるのか見えていない人と一緒に、それを見つけることなんです。私がお手伝いした人たちの人生が、家庭でも職場でもポジティブに変わるのを見てきました。というわけでジョーさん、あなたの人生で、何かポジティブな方向に変えたい領域がありますか？」

「ええ、もちろんあります」

「それについて、もっと有意義な会話をする方法を知りたいですか」

「ぜひ。どこで教えてもらえるんですか」

思わぬ展開に私はニヤリとしつつ、勤め先の大学のコーチングプログラムを紹介しました。

3カ月後、そのプログラムの特別体験講座で、私は進行役を務めていました。当日は大盛況で、公式スケジュールも、その後の質疑応答も終了し、私が教壇で荷物をまとめていると、グレーのスーツ姿の若い男性が近づいて来たのです。彼は笑顔で片手を差し出しながら、「こんにちは、私を覚えていらっしゃいますか」と言いました。もうおわかりだと思います。あのジョーだったのです。

希望を紡ぐ言葉

私のコーチングを受けに来るクライアントに「このコーチングの成果として、良い方向に変わってほしいのは何ですか」と聞くと、「もっと幸せになりたい」という答えがよく返ってきます。人により内容は違いますが、幸せの探求は大きな関心事です。もっと裕福になれば、頭がよくなれば、健康になれば、背が高くなれば、痩せれば、筋肉がつけば、大人になれば、若くなれば（と言う人が実際にいます）幸せになれる、と考える人は多いのです。

英語の「happy」という単語の語根である名詞「*hap*」に注目すると、「もし○○だったら××になる」の論理で人が幸せを追い求めるのは、全く不思議ではないとわかります。「*hap*」は好機や幸運を意味し、この魅惑的な語根は「*happening*（突発的な出来事）」や「*haphazard*（場当たり的）」、「happenstance（偶然）」などの単語の一部をなしています。これらは皆、私たちがコントロールできない事象です。

私は、希望（hope）と幸福（happiness）の違いを、ジーナという名の若い末期がん患者との対話を通して学びました。ジーナは、医師による臨死介助を検討していました原注1。私と対話した結果として良い方向に変わってほしいことは何かと尋ねると、ジーナは「良い終わりを迎えたいと思います」と答えました。そして、幼い子ども2人を残して逝く不安や恐れを話してくれました。私はジーナに、自分の死によって終わるものは何だと思うか、聞きました。

「痛みと、私が周囲への負担であることが終わります」

次に私は、「どうしたら、良い終わりを迎えているとわかるでしょうか」と尋ねました。するとジーナは、最期まで尊厳を保ちたいという願いと、家族への愛情をしっかり伝えてから逝きたいという思いを話してくれました。「息子たちには、私に深く愛されていると、心から感じてほしいんです」。ジーナは涙ぐみながら笑顔で言いました。この一言は私の胸にずっしりと重く響き、そのあとはほとんど何も言えませんでした。対話の終わりに、ジーナは片手を私の肩に置いてこう言いました。「確かにハッピーエンドではないけれど、私は希望を持って死ぬんですよ」。その2週間後、ジーナは家族に囲まれて、自ら選択した逝き方でこの世を去りました。

「私は希望を持って死ぬんですよ」と言ったジーナの声が今も耳に残っています。でも、私は彼女のその逝き方をほんの一瞬、垣間見ただけなのだと思います。人生の最期を迎えながらも希望を持ち続けるとは一体、どういう意味でしょうか。その希望はどうやって生まれるのでしょう。

ジーナとの出会いのあと、私は医療現場でのコーチングを「**希望の言葉**」と表現するようになりました。「希望の言語化」と呼ぶほうが正確かもしれません。すなわち、必ずしも「幸福」を伴わないかもしれない「希望」を紡ぐ選択を、熟慮を重ねたうえで、明確な意図を持って行うことを意味します。言葉は、太古の姿をとどめる「生きた化石」と同様に過去の刻印を保ちつつ、今日の私たちに用いられながら、新たな意味を刻まれていくものです。希望を言葉にしなければ、私たちは空しく事切れてしまうのではないでしょうか。

あなたはどんな言葉で希望を言語化したいと思いますか。

原注1：カナダでは2016年に連邦議会が制定した「医療的臨死介助法」により、規定の条件を満たす成人が、死への医療的援助をリクエストできるようになった。

”

言葉は、太古の姿をとどめる
「生きた化石」と同様に
過去の刻印を保ちつつ、
今日の私たちに用いられながら、
新たな意味を刻まれていくものです。
あなたは、どんな言葉で
希望を言語化するでしょうか。

“

自己対話のためのヒント

人生は、ときには思わぬ方向に展開します。あなたも、不測の事態に見舞われて出口が見えなくなり、悲しみにくれるときがあるかもしれません。過去のそんな経験を振り返って、次の問いに答えてみましょう。

- その経験は、あなたにとって大切なものについて、何か重要な点に気づかせてくれましたか。それは何でしたか。
- その状況下であなたが頑張れたのは、何が励みになったからでしょうか。
- 当時の自分に言葉をかけるとしたら、それはどんな言葉ですか。

現在、特に苦しい経験をしている読者のために――

- あなたが毎日行う小さな習慣は何ですか（例えば、ストレッチ、ウォーキング、文章を書く、いつものカップでお茶かコーヒーを飲む、お気に入りのスリッパを履く、など）。
- そのなかから、続けたい習慣を5つほど選んで、自分がその習慣にどんなふうに支えられているか、1つにつき1文ずつ書き出してください。折に触れて内容を更新してもいいでしょう。
- 1日を通して、その習慣を行っている自分に何度気づくか、意識して回数を数えてみてください。

Instead

「望むもの」について質問し、「望まないもの」のストーリーから方向転換しよう

私は食料品店のレジに並んでいると、何となくそわそわしてきます。子どもの頃、よく母に連れられて食品の買い出しに出かけました。食品売り場はいつも活気に満ちていておいしそうな匂いもするので、母の買い物についていくのは楽しみでした。ときどきご褒美にふだんと違うおやつを買ってもらって、つまみ食いしながら歩いたものです。母は私が一緒だと助かると言いました。私が牛乳の賞味期限をチェックしたり、卵がひび割れていないか一つひとつ丹念に確認したりするからです。母は、スイカを軽く叩いて一番甘いのを見分ける方法を教えてくれました。また、夕食のお肉をどれにするか、私に決めさせて

くれることもありました。

私が9歳のときです。ある日、母と私は混み合った店内を食品でいっぱいのカートを押して、会計のコーナーに向かいました。母が「あの店員さん、手際がよさそうよ」と見当をつけ、列が一番短そうなレジに並ぶと、あっという間に私たちの後ろにも行列ができ、背後の人が間隔を詰めてきましたが、前方は一向に動きません。やっと先頭のお客が支払いを済ませ、少しだけ前進しました。

「次のかた！」とレジ係の声がして、次のお客がレジ台に品物を置き始めました。

そのとき母が「あ、忘れたものがあるから取ってくる。カートお願いね。すぐ戻るから」と言うなり、有無を言わせず人混みの中へ消えてしまったのです。ところが、見るとさっきよりレジ係のスピードが上がっているではありませんか。突如、私の前の列はどんどん短くなり、いっぽう、後ろの行列はますます長くなっていきます。

「次のかた！」。レジ係が呼びました。

私の前の男の人がカートからレジ台に商品を移し始め、そのそばからレジ係が次々に金額を打ち込んでいきます。私はドキドキして、母はまだかと首を伸ばして見回しましたが、どこにも母の姿はありません。前の男性は財布を取り出し、レジ係は最後の品を袋に詰めています。男性がお札を何枚か差し出し、レジ係がお釣りの硬貨数枚を男性に手渡します。お母さんは一体どこ？　次は私たちの順番なのに。私のポケットにはわずかな小銭しかありません。男性は買い物袋をすべてカートに乗せ、押し始めました。もう心臓がパンクしそうでした。

「次のかた！」

ついに順番が来てしまいましたが、母はまだ戻りません。レジ係が視線で私を催促します。後ろに並んでいた人たちの視線も同じだったはずです。列を離れたくても、通路は狭く、カートは私には重すぎました。

そのとき、「すみません！　すみません！」と母の声がして振り向くと、人混みをわけて母が走ってきました。袋入りのナッツをつかんだ手を振りながら。そして、カートから品物をレジ台に移すよう、身振りで私に指示しました。私はほっとしたものの、どぎまぎしながらカートを押して前に進みました。

母は、「ごめんなさいね。すぐ見つからなかったの」と、別にたいしたことではなかったかのように言うと、こう続けました。「今晩、あなたが大好きなナッツ入りのクッキーを焼きましょう」

深読みするとよいときもある

あなたの周りにも文句ばかり言う人はいませんか。そういう人は、世の中や周りの人だけでなく自分自身についても、あれがダメこれがダメと、不満の種は尽きないようです。そのような人が家族や友人なら、私たちは「ああ、またか」と聞き流すでしょう。ときには、私たち自身がお医者さんに「不調」をうったえたり、警察に「苦情」をうったえたりすることもあると思います。または向こうから漠然と「お悩みは？」「お困りですか？」と聞かれるかもしれません。

何らかの不満を抱えている人の話を注意深く聴いてみると、実はその話の中心に、その人にとって大切な何かがでんと構えているのが見えてきます。

「どうしましたか？」

「仕事の量が多すぎます。頑張っているのは、どうも私だけのようです。周囲はそれに気がつきもしない。なぜ私ばっかり、ほかの人の分まで働くはめになるのでしょう」

「それは困りましたね。確かにその状態が続いてほしくないですよね」

「もちろん嫌です」

「では、代わりにどんな状態になってほしいですか」

「それはもう、皆が自分の割り当てをこなしてくれたらいいですね」

「では、それが実現するとして、なぜ、そうやって各自が割り当て分をやるのが大事なのですか」

「だってそうすれば、フェアでしょう」

業務過多に対する不満は、公平さを求めるから。要するに、通勤時の渋滞について愚痴を言うのは、朝の時間をもっと快適に過ごしたいから。孤独を嘆くのは、人とのつながりを望んでいるからなのです。対話の相手の話を、不平不満だと思って聴かずに、踏みにじられた大切なものの回復を求めるストーリーとして聴いてみてはどうでしょう。**繰り返し聞かされる文句が、実は、ポジティブな変化を求める切実なうったえ**だとは、考えられないでしょうか。

”

対話の相手の話を、
不平不満だと思って聴かずに、
踏みにじられた大切なものの
回復を求めるストーリーとして
聴いてみてはどうでしょう。

“

自己対話のためのヒント

ほかの人の立場に立って考えると、有益な気づきや学びにつながります。では、「不平」はその人の価値観を表現する方法の1つという視点に立ち、次の問いに答えてあなた自身の経験を顧みてください。

- 今までに、率先して誰かのトラブルの解決や利益・権利の擁護に取り組んだのは、どんなときでしたか。あなたがそうしようと決めた理由は何ですか。結果はどうでしたか。
- では逆に、（どんなに小さな問題でも）誰かがあなたの利益や要求を代弁してくれたのは、いつでしたか。ほかの人があなたに代わってうったえてくれることを、どう感じましたか。
- あなたが変えたいと思っている習慣は何ですか。その習慣の代わりに身につけたいものを選べるなら、それは何でしょうか。

Just

「意外と簡単そう」という認識を持たせて、新しい行動を促そう

ピアノやテニスを習った経験のある人はわかると思いますが、指遣いやフォームなど正しいテクニックを要するものは、いったん自己流で覚えてしまうと修正するのは非常に厄介です。私の場合はゴルフがそうでした。父からゴルフを習ったのは15歳のときで、父のレッスンはどこか哲学的でした。父は、ゴルフは唯一、審判の要らないスポーツだと言いました。なぜなら、プレーヤー同士の目があるからというのです。父はゴルフのマナーをすべて教えてくれましたが、私は一向に上達しませんでした。

25歳のとき、私は収入に余裕ができたので、プロゴルファーによる個人レッスンを6回受けられる講習に申し込みました。そのときのインストラクターの教え方は機械的で、ひ

たすらハーフスイングの素振りだけで終わる日もありました。彼女はいろいろなテクニックを理屈で教えてくれたので、私は退屈でたまりませんでした。35歳のとき、もう甥っ子たちがゴルフスクールに参加できる年齢になっていて、私は彼らのレッスンに付き添うことになり、そこでレクシーというインストラクターに出会いました。

「ジェレミーとネイサンね。こんにちは」とレクシーが挨拶すると、2人は「レクシー先生、こんにちは」と応じました。

「あら、レクシーでいいですよ。それじゃあ、クラブを振ってみましょうか」とレクシーがいきなり言うので、私は「あのう、この子たちゴルフは初めてなんですけど」と、口を挟みました。

「そう、初めて？　でも、君たち、ゴルフのスイングをする人を見たことはあるでしょ？」

こう聞かれて甥っ子たちはうなずきました。

レクシーは私に事故防止ラインの後方の椅子に座るよう手振りで指示し、ジェレミーにゴルフクラブを手渡しながら、「試しにちょっと打ってみてくれる？」と言って、マットの上に立つよう手招きしました。そしてマットの上に立ったジェレミーの前にボールを置いて、「ここにボールを置いたからね。打つだけ打ってごらん」と言いました。

ジェレミーがこちらを見るので、私はうなずきました。そこでジェレミーはクラブを後ろに引いて、力任せにボールに向けて振り下ろしましたが、空振りです。

「うん。もう一度打ってみよう。ボールから目を離さないでね。あとは肘が固い木でできていると思って、ぐらぐらしないように気をつけるだけ。それ行け！」

ジェレミーは両腕をもぞもぞ動かしてから、再度、挑戦しました。すると今度はクラブヘッドがボールの上をかすりました。

「やったね、ちょっと当たったね！　ハイファイブ！」とレクシーに手のひらを向けられたジェレミーは、照れくさそうにハイタッチしました。

「じゃあ、もう一回だけ」と言いながら、レクシーがまたボールを置きます。「さっきと同じでいいからね。ボールをよーく見て」。ジェレミーはクラブヘッドをボールの横に置き、振り上げる準備をしました。

すると、レクシーが「ボールの位置だけ覚えておいてね」と言ってから、「では目を閉じ

「意外と簡単そう」という認識を持たせて、新しい行動を促そう

て」と、まるで催眠術師のように付け加えたのです。

え、何？　そんなこと、私だってできない。無茶を言うインストラクターに私は少々いら立ちを覚えましたが、ジェレミーは言われた通り目を閉じ、肘をしっかり固定してクラブを振り上げました。

「さあ、クラブを下ろして、ボールをすくい上げるだけ」とレクシーが囁きます。

ジェレミーが、目を閉じたまま、シュッという音と共にクラブを振り下ろすと、続いてスコンという音が響きました。スイートスポットに当たった音です。

私は「えー、うそ！」と、思わず立ち上がりました。ジェレミー本人は、一瞬何が起こったのか理解できない様子でしたが、すぐに「やったあ！」と叫びながら片手でガッツポーズをしました。

「そうそう、それでいいの」と、レクシーは笑いながら振り返り、私に「ほらね」というようにウィンクしたのです。私は狐につままれた気分でした。

魔法は平凡な日常にある

コーチングを受けに訪れる人のほとんどが、何かの改善や自分自身の向上を望んでいます。企業のマネージャーは、ポジティブな職場文化を作りたいと言い、子どもがいる人は、幸せな家庭を築きたいと言い、カップルは、互いに依存しすぎない健全な関係を保ちたいと言います。

それに対し、私は「それは、どんなかたちで表に現れると思いますか？」と問います。マネージャーは、毎朝社員が互いに挨拶する、と答え、10代の子どもを持つ親は、夕食に家族全員が揃う、と答えます。カップルは、2人で過ごす時間に仕事の愚痴をこぼさない、と言います。

私は「それは、どんなことをきっかけに始まると思いますか？」と続けて聞いてみます。なぜなら、例えて言えば、遥か彼方の水平線上に小さな雲が現れ、やがて潤いの雨をもたらすように、**彼らが望む変革も、始まりは小さな変化のはず**だからです。どんな変化でしょうか。マネージャーは、次のような出来事を思い出してくれました。ある朝、職場で共有する連絡ノートに、1人の社員が「おはようございます！」と書いて横にスマイルマークを添えたところ、その朝は、いつもより、社員同士が互いに挨拶を交わしていたというのです。たったそれだけのことで、変化は生まれるものです。

また、10代の子どもがいる母親は、ある晩の夕食時、誰の手元にも携帯電話がなかったら、その晩は、食卓を囲んで皆がいつもより言葉を交わし、冗談も飛んで団らんを楽しんだというエピソードを明かしてくれました。これも、ほんの小さな違いがもたらした変化です。カップルはと言えば、箱にしまってあった古い写真を2人で整理したときのことを話してくれました。写真を1枚ずつ眺めながら、友人や家族との懐かしい思い出を語り合ったそうです。ちょっとしたきっかけから、変化は始まります。

対話の相手が語る、夢や希望のストーリーを追っていくうちに、道端に立っている標識のような小さな手がかりに出くわすことがあります。それは、たいていの場合その人がすでに経験した出来事です。このような標識は、語り手の意識を、大切なものは何か、何に向けて努力したいのか、正しい方向にどれくらい進んでいるのか、といった点に向けてくれます。けれどもこうした標識は実にさりげなくたたずんでいるため、その重要性を指摘してくれる人がいなければ、語り手本人は見落としてしまうのです。

今度あなたが誰か（部下、パートナー、クライアント、友人）と会話をしているときに、相手が夢や願い事を打ち明けてくれたら、それとなく次の問いを投げかけてみてください。

・それが現実になりつつある兆しは、どんなところに表れるでしょうか？
・いつ頃、どんなきっかけで、そう望むようになったのですか？

あなたの問いかけが、相手を、望みがすでに実現した未来像へ誘導できたかどうか、注意を払ってください。

”

私たちが注目すべきストーリーは、
語り手の意識を、
大切なものは何か、
何に向けて努力したいのか、
正しい方向にどれくらい進んでいるのか、
といった点に向けてくれる
ストーリーです。

“

自己対話のためのヒント

最近の2、3週間を振り返って、爽快な気分で過ごせた朝を思い出してみましょう。その朝は、考えてみると万事があなたの好みや望みの通り、あるいは計画通りに運んでいませんでしたか？

- その朝、なかでも一番満足したことは何でしたか。その下地はいつ作られていたのでしょうか。前の晩ですか。前日でしたか。それとも前の週だったのでしょうか。
- あなたには、ささやかながら、ないがしろにできない、自分にしっくりくる習慣やルーティンがありますか。それは何ですか。
- もっと頻繁に爽快に過ごせるように、毎朝必ず1つか2つだけ何かを実践するとしたら、それはどんな習慣でしょうか。

ここで、気軽にちょこっとできる課題を1つ。

- 今日から、今までとほんの少しだけ違う新しい習慣を始めて、1週間続けてみましょう。ささやかであっても、これまでとの違いが一目瞭然なことを選んでください。例えば、利き手でないほうの手で歯ブラシを持って歯を磨くとか、机の一角は必ずきれいに保つ、布団のたたみ方を変えてみる、など。

Know

謙虚な姿勢で対話に臨もう

私は、父のお金を持ち出しました。

とはいえ、それがお金だと知っていたわけではありません。父のナイトテーブルに置いてあったコインの柄の手触りがあまりにも細やかだったので、4歳だった私は模様を薄い紙にトレースしてみたくなったのです。ところが、もとの場所に戻すことを思い出す前に、父が、私と上の2人を部屋に呼びました。

「このテーブルにあったコインを取ったかい?」。父は、私たち3人に、年齢順に尋ねました。

「私じゃないもん」と、姉は明るく答えました。

「僕じゃないよ!」。兄は不服そうに言い放ちました。

次は私の番でしたが、取ったという意識はなかったのでためらっていると、兄が私を非難し始めました。

「お前が盗んだんだろ！」。兄が言います。

「盗んでない！」。私は叫び返しました。盗んだわけではありませんでしたから。ちょっと借りたつもりだったのです。


父は「そうか。誰も取らなかったんだな」と言ってから、「簡単にわかる方法があるんだよ」と続けました。そのとき、父の口元が微かに笑っていたのを覚えています。

「それじゃあ、1人1個ずつ、生卵を持って来てごらん」

「どうやってわかるの？」と兄が聞きました。

「卵に小さい穴を開けて、中身をちょっとだけ飲む。そうすると、嘘をついている人の口の中が黒くなるんだよ」

「すごーい！」。姉と兄は同時に叫ぶと、冷蔵庫に走って行きました。

「卵を取りに行かないのかい？」。父はぐずぐずしている私に聞きました。

「お腹が痛い」と私は言いました。自分の口の中が真っ黒になるのが怖くて、本当に痛くなってしまったのです。

父は、わいわい騒ぎながら戻って来た上の2人をすぐに追いやってから、私に「お父さんと話をしよう」と言いました。

私は「お腹が痛いの！」と叫びました。

すると父は、「落ち着くまで、待っているよ」と優しい笑顔で言いました。

そして、本当に待ってくれました。私のすすり泣きは、間隔の空いたしゃっくりになり、それから私は父と話をしました。そのときどんな言葉を交わしたかは忘れてしまいましたが、父が優しく抱きしめてくれたのと、何があっても父に嫌われたりしないのだとはっきりわかったことをよく覚えています。

ほかの人の生き方のロジックを知る

ところで、「いつも愛車の修理をしてくれる整備士は、私の車のことをよくわかっている」と言うときと、「母は私の気持ちをよくわかっている」と言うときでは、同じ「わかる」でも意味するものが全く違います。

「知る、わかる」という意味の英語の単語「know」の語根*gno*は、例えば「gnome（ノーム、大地の妖精）」や「ignore（無視する）」など、多くの単語に含まれています。また、ふだんよく使われる単語のなかには、この語根とほかの語根が組み合わさってできた面白いものもあり、その格好の例が「diagnose（診断する）」です。*dia*-は、「〜を通して」「徹底的に」を意味し、これが-*gnose*と組み合わさると、「徹底的に、知る」という、どのように知るのか説明を加えた単語になるのです。

では、診断を要する場面で、徹底的に知る作業を行うのは誰でしょうか。医療現場では、「徹底的に知る」のは医師の役目です。だから、医師は患者に質問します。たくさんの質問をします。なぜなら、結論を出すには十分な情報を集める必要があるからです。その結論が「diagnosis（診断）」であり、順調にいけばそれが適切な治療につながるわけです。けれども、例えば、五十肩に悩む年配女性を診察する医師は、五十肩の治療法を知っていても、その患者が、可愛い孫の好物の料理を作りたいから早く治したいと願っているとは、思い及ばないかもしれません。

本人に聞いてみなければ、その人の生き方のロジックを知ることはできないのです。

対話の相手を、その人の人生のエキスパートと考えて敬意を持てば、その人が周りの世界とどう関わるか（生き方のロジック）に自ずと関心が湧いてくるものです。そして、その人の願望にも、行動にも、もっともな理由があるはずだという前提に立って、真摯に学ぶ姿勢で対話に臨めるようになります。

私がヘレナに次のように問いかけたときが、その例です。

「今日こうしてお話ししたのが役に立った場合、あなたの思う良い方向に状況が変わり始めたとわかる手がかりは何だと思いますか」

ヘレナは、「そうですねえ、イライラせず気長に回復を待てるようになるかもしれませんね。とにかく長引いているものですから」と言ってため息をつきました。

私は、「イライラせず気長に回復を待つ。わかりました」と答え、「ほかには？」と尋ねました。

「あと、やるように言われている体操に、もっと熱心に取り組めたらいいですけど」

「体操にもっと熱心に取り組む」と、私は彼女の言葉を繰り返してから、確認するように、こう問いました。「つまり、早く回復したいわけですね」

「ええ、もちろんです」。ヘレナの答えは明快でした。

「そうですよね。では、肩を動かせるようになったら、最初に何をやりたいですか」

この質問は、彼女には肩が治ったらやりたいと思っていることがあるのだろう、との推測に基づいています。ヘレナ独自の「もし○○だったら、××する」の論理があるなら、私は知っておくべきだからです。

ヘレナは私の質問に対して、「肩が動くようになったら」やりたいと思っていることをいくつも次々に話してくれました。孫のために料理がしたい。娘や息子と一緒にゴルフがしたい。もっと自立した毎日を送りたい。庭の手入れをしたい。

あなたのクライアントも、職場の部下も、友人も、家族も、どのように物事が変わってほしいか、改善してほしいか、かなり具体的なイメージを持っている場合が多いのです。相手にとって何が大切なのか知ろうという意図をしっかり持って耳を傾けると、その人の願望やすでに経験したことや知っていること、つまりその人にとって何が理にかなうのか、発見しやすくなります。

ヘレナとの対話はさらに続きました。私は、「お料理やゴルフや庭の手入れを再開できるようになるために役立つとわかっていることを何か、すでに実践していますか」と聞いてみました。

ヘレナは「ええ」と答えてこう続けました。「室内の体操は閉塞感があって好きではないので、外へ散歩に出ています。歩けば腕も動かしますし、空気もいいですし。毎朝、ストレッチもしています。お医者さんにやりなさいって言われた体操と、同じようなものですから」

ヘレナのように、自分の生き方に合うやり方で、すでに何らかの努力をしている例は珍しくありません。私たちは、見識のある人から助言をもらっても（たとえそれが医師や親や上司の助言でも）、自分の理にかなうやり方に修正したうえで従います。ヘレナの場合、たった15分間の医師の問診では、彼女自身が望む回復の道すじの詳細を説明できなかったのです。

私はヘレナに、「今日お話しして、特に有益だった点は何ですか？」と尋ねました。ヘレナは「そうですねえ、何かしら」としばらく考えてから、「今日の収穫は、やらなきゃいけないとわかっていたことを、やりたいと思わなきゃいけないのはなぜか、その理由がわかったことですね」と答え、笑いながらこう付け加えました。「早口言葉みたいですね。わかりました？」

”

相手を、その人の人生の
エキスパートと考えて敬意を持てば、
その人が周りの世界とどう関わるか
（生き方のロジック）に自ずと
関心が湧いてくるものです。

“

自己対話のためのヒント

「〜しなければ」から「〜したい」にナラティブを変えるのは、そう簡単ではありませんが、うまく変換できれば、ゴール設定や行動計画に勝る効果を発揮する可能性があります。というわけで、変換のきっかけを作る方法をいくつか紹介しましょう。

- 自分にも周囲の人にも有益だとわかっていながら、何かを実行に移すのをためらっていませんか。では、明日の朝、目覚めたとき、今まで先延ばしにしてきたそのことを急にやる気になったと想定してください。あなたは起床後の1時間をどう過ごすでしょうか。いつもより何に時間をかけ、何を控えると思いますか。
- あなたの周りの無生物（壁、家具、ノート、床に落ちている靴下など）が、なぜか息を吹き込まれたとします。あなたが本当に望む通りの1日を過ごしたら、これらの物たちは、あなたのどんな言動を見聞きするでしょうか。
- この2つの方法で自分を観察した結果、あなたが心から大切にしているものについて、気がついたことは何ですか。

Look

心の中の感想や印象を明瞭な言葉に表し、相手と行き違いが起こらないようにしよう

2020年は、波乱の1年でした。年が明けて、私の地元であるカナダのトロントで新型コロナウイルスの症例が出始めた頃のある日、私は血液検査クリニックの待合室に座っていました。私の隣では、水色の不織布のマスクをした高齢のアジア人男性が、時おりゴホゴホと咳をしています。周りの人たちは厳しい視線を向け、マフラーや手袋や袖口で顔を覆いながら、できるだけ遠くの椅子へそそくさと移動します。無理もありません。私の隣の老人は、どう見てもコロナ感染者に見えたのですから。

けれども、私は黙っていられませんでした。

「あのー、ちょっといいですか」

待合室に居合わせた人たちが、不意をつかれたように顔を上げました。

「この人がコロナ患者のように見えるのはわかりますが」

彼らの表情がこわばりました。同時に、迷惑そうな表情も浮かびました。

「この人は、私の父です。肺がんで闘病中です。だから怖がらないでください」


人々が事態を飲み込む間、一瞬の間があって、それから、どうでもよさそうな顔をする人もいれば、携帯電話の画面に視線を戻す人もいました。私は、まだまだ言いたい言葉が喉と胸の間につかえているような感覚を覚え、たった今の出来事が信じられない気持ちで、思わずため息が出ました。そして、父の様子を見るために振り向いたとき、何列か後ろの席にいる婦人が、私たちをじっと見ているのに気がつきました。彼女の横には、夫らしき人が座っています。婦人は軽くうなずいて微笑み、少し前かがみの姿勢になりました。すると彼女の椅子が前方に滑り出しました。車椅子だったのです。その人は私のところまで来ました。

そして、「私が夫と一緒に病院に行くと、必ず私のほうが患者だと思われるんですよ。でも実は、私は夫の付き添いなんです。夫もがんで闘病中です。あなたのお父さんはいかにもコロナ患者に見えるかもしれないけど、私はいかにも障害者に見えるんですよ」と笑いながら話してくれました。

今度は、ほっと安堵のため息が出ます。

私は、「『あなたの勘違い』ってプリントしてあるTシャツがあるといいですよね」と冗談を言い、2人で大笑いしました。その場の緊張感は少し解けたものの、心の中では泣きたい気持ちでした。私は生まれて初めて、自分がふるさとと呼ぶ街で、見た目を理由に、沈黙の暴力というかたちで差別を経験したのです。

言葉がその人の世界を構築する

偏見による差別は大昔からあるとはいえ、初めて経験する人だっているのです。かくいう私たちも、無意識のうちに、または沈黙によって、偏見を生み出し、承認し、定着させることに度々加担してきたのではないでしょうか。「乱暴者」「障害者」「権威ある人」などの言葉を聞いて、即座に浮かぶのはどんな人物像ですか。コーチングの対話でも、ろくに話もしないうちに互いに対して誤った印象を抱いてしまう危険性がないとは言えません。私たちの先入観は、会話を始めた瞬間から、相手に対する見方を左右するからです。その人はどういう人で、どんな生き方を目指すべきで、どんな助けを必要としているか。その人の言葉にはどんな意味が込められていて、何を言おうとしているのか、と。

私とゼインのやりとりを例に見てみましょう。コーチングを学ぶゼインは、自分が担当したセッションの録画を携え、助言を求めに私を訪ねて来ました。彼のクライアントはある企業のCEOでした。私は実際に録画を見る前に、ゼインにこう尋ねました。

「それで、セッションはどうだったの？」

ゼインは、ひどく疲れた様子で、ため息をついて言いました。「あんなに難しいクライアントは珍しいですよ。私が何か言う度に反論するんです。ああいう人の下で働くのは大変だろうなと思います」

「そう。まあ、録画を見てみましょう。ところで、このセッションで何がうまくいったと思う？」

「強いていえば、私もクライアントも、途中で愛想を尽かして出ていかなかったのが、せめてもの救いですかね。本当のこと言うと、早く打ち切りたかったですよ。泥沼でしたから」。そう言ってゼインは、私の隣の椅子に力なく腰を下ろしました。

私が笑って「とにかく録画を見ましょう」と言い、ゼインが再生ボタンを押しました。

さて、ここで読者に質問があります。今の時点で、ゼインと私が会話をしている場面や、ゼインとクライアントのセッションの場面を想像して、どんな人物像が目に浮かびますか。ゼインは、CEOは、どんな外見で、どんな話し方でしょうか。そもそも性別、人種、年齢について、あなたはどんな印象を持ちましたか？ ゼインが録画を再生し始めたとき、私は一瞬、彼が（そう、ゼインは男性です）間違えて別の録画を持って来たのかと思いました。ゼインは、小柄な黒人女性と向き合って座っています。女性の年齢はおそらく70代でしょう。彼女の声が非常に小さいので、私は録画を見ながら音量を上げたほどです。

CEO　一役員会は、必要不可欠な見直しを行うために私を雇ったんですよ。それなのに、私が具体策を提案すると反対するんです。まだ、変革の地盤ができていないのだと思います。

ゼイン―では、強硬な印象を与えないように、意見の伝え方を変える必要がないでしょうか。

CEO―強硬？　私は全然、強硬な態度なんてとっていません。

ゼイン―あ、そういう意味ではなくて、変革の内容が強硬だと受け取られないように、ということです。賛同してもらう必要があるわけですから。

CEO―賛同も何も、私は頼まれた通りのことをしているだけです。強硬の全く逆ですよ。

ゼイン―では、もっときっぱりと意見を述べたほうがいいと思いますか。

CEO―いいえ、思いません。私の声が小さいから、そうおっしゃるんでしょう？

ゼインは、ここで画面を静止しました。

そして、「どんなに頑固な人か、わかりましたか？」と、同意を求めるように言いました。

あなたは、ゼインとCEOのやりとりの一部から、どんなことを読み取りましたか。

話し相手の言葉を一方的に解釈したり、その言葉をもとに憶測をめぐらせたりすると、十中八九、この人は話のわからない人だという錯覚に陥ってしまいます。考えてみてください。あなたの言葉を相手が別の言葉で言い換えたり、確認もせず勝手に解釈したり、はたまた完全に意味を取り違えたりしたら、イライラして当然ではありませんか？　相手の言葉をその人の世界観を知る有益な手がかりとして尊重する。これは、コーチングの対話法を学ぶ者にとって、習得が非常に難しいスキルの1つなのです。

ゼインとCEOの対話を振り返ってみましょう。ゼインはどんな言葉を付け加えていますか。それがどんな影響を及ぼしたでしょうか。ゼインはまず、CEOは「意見の伝え方を変える必要がある」と決めつけています。これは彼女が「強硬な印象を与えている」という憶測に基づいています。これに対してCEOは、自分の人柄を勝手に判断されたと思って反論します。するとゼインは、今度はCEOに「もっときっぱりと意見を述べたほうがいい」のでは、と疑問を呈するのです。CEOはこれにも反論します。つまりゼインが一連の言葉を付け加え、クライアントはそれを否定しているだけなのです。なのに、クライアントはゼインに頑固者呼ばわりされてしまいました。

相手の言葉に自分の言葉を補足して言い換えると、その人のストーリーを別の方向に誘導する可能性が生じます。その働きをプラスに利用できる場合もありますが、誤解に基づいてストーリーを進めると取り返しのつかないことになります。**あなたが、ある言葉の、辞書に載っている一般的な定義を知っていても、話し相手がその言葉を同じ意味で使っているとは限らない**のです。

私たちの頭の中には自分なりの辞書があり、例えば「コンテンツ」や「強硬」の私なりの定義と、あなたの定義には大きな差異があるかもしれません。ですから他者の話を聴くときは、その人が使う言葉はその人の世界ではどんな意味を持っているのか、探索する機会を与えられたと考えるとよいのです。あなたの世界での意味を押しつけずに、会話の相手に「あなたが〇〇と言うとき、どんなイメージが目に浮かびますか？　あなたにとってはどんな意味ですか？」と尋ねてみましょう。

”

相手の言葉に自分の言葉を
補足して言い換えると、
その人のストーリーを別の方向に
誘導する可能性が生じます。
その働きをプラスに
利用できる場合もありますが、
誤解に基づいて
ストーリーを進めると
取り返しのつかないことになります。

“

自己対話のためのヒント

では、あなたの頭の中（内面）にある言葉と、あなたの周り（外面）にある言葉に注意を向ける練習になる課題を1つ。

- あなた自身を表現する単語50個のリストを作ってください（形容詞、名詞、動詞）。単語を選ぶ際、友人・家族・同僚など、あなたをよく知っている人にも聞いてみるとよいでしょう。次に、その50の単語の中から、これからの人生でもっと強化したいと思うものを最大5つまで選んでください。この5つの単語を使って、2、3行の短い自己紹介文を書いてみましょう。

Might

断定はせず、常に好奇心を持って可能性を広げよう

「ママ、ゆうべ夢で何があったか知ってる?」

私は4歳の頃、朝、目が覚めると開口一番よくこう言いました。母が「どんな夢だったか話してちょうだい」と言い、私はすばやく小さな体を子ども用ベッドの端に寄せ、できた隙間に母が半身を起こして横になります。

「あのね、何があったかって言うと……」

私は、思い出せる限り、夢の中の出来事を話し始めます。ところが、話しながらすでに曖昧な部分も出てきます。それでも母は、面白そうに「へー」とか「まあ」と合いの手を入れながら耳を傾け、「それから?」と促します。話の区切りに来る度に「それから?」で

つなぐことを何回か繰り返すうち、私の夢の物語は、夢で見たよりもはっきりしてきます。母は、どの夢の話のあとでも必ず、「そう、素敵な夢を見たわね。どうしてだかわかる?」と言って、その夢がなぜいい夢なのか、理由を説明してくれました。例えば、空を飛ぶ夢は、私の背が伸びるしるし、花を摘む夢は、よい知らせの前ぶれ、歯が抜ける夢は問題の解決（4歳児がそれなりに抱える問題）を意味したのです。

ある日、私は階段から落ちる夢を見ました。そして母のいつも通りの反応に、こう反論しました。

「でもママ、これがいい夢のはずないでしょ? この前見た、階段を上る夢がいい夢だって言ったじゃない。落ちるのは上るの反対だよ」

「そうねえ……」と母は少し目を丸くして、それから微笑んで言いました。「よーく見てごらん。この前とは違う階段よ」。するとどうでしょう、違う階段のイメージが浮かんだのです。まるで、単に忘れていただけで、夢の記憶をたどったら思い出したかのように。母は、私が見た夢すべてが大事な夢だと思わせてくれました。そして、必ず別の見方があるということも教えてくれたのです。

「かもしれない」は頼もしい

私がコーチングするクライアントは、「まあ、こういうわけなんです」と、各々のストーリーを携えてセッションに訪れます。心の準備が整っている人も、そうでもない人も、十分に事前リハーサル済みの人も、そうでもない人もいます。クライアントがストーリーを語ってくれる間、私は、話の区切りに来る度に「へー」とか「まあ」と言いながら耳を傾けます。

私が知りたいのは、何が起こったかよりも、**クライアントがストーリーをどう終わらせたいか**なのです。そこで私は、「仮にですけど……あなたのストーリーが最終的に最高のハッピーエンドになると考えましょう。そのときのあなたは、何が今までよりずっとよくなったとか、今までと全然違うとか、気づくと思いますか」と尋ねます。

そうすると、クライアント自身がさっきのストーリーの新しいバージョンを語り出します。新しいストーリーは、見慣れた道すじからそれていき、私はところどころで「その次、何が起こるかもしれないと思いますか？」と、促します。そうしてクライアント自身がキュレートする夢や希望の新たな道すじを共にたどりながら、その人にとって本当に大切なものは何か、垣間見ることができるのです。

この時点で、ストーリーはもはや人生で「何が問題なのか」ではなく、「何が大切なのか」というテーマに変わっています。そこでセッションが終わり、その人は新たな一歩を踏み出せるのです。

人は、未来について語ってくださいと言われると、まず間近な未来を語り始めます。例えば、「明日、心穏やかに出勤する」「今度の面接は自信を持って臨む」「授業に、学習意欲を持って出席する」など。

聴き手は、よく、相手が語る近い未来の展望を、その人が望む終着点だと勘違いして、そこに向かって問題解決に取りかかってしまいます。けれどもコーチングでは、**その近い未来の展望を、その人が望ましい方向に進む途中にある1つの出発点と考え、そこから道を作り始める**のです。

それを踏まえて、会話の相手への問いかけを次のように変えてみましょう。


「心穏やかに出勤できたとして、それから？」

「自信を持って面接に臨めたとして、それから？」

「学習意欲を持って授業に出席したとして、それから？」

（つまり、「どうすれば心穏やかになれるでしょう」「どうすれば自信を持てるでしょう」「どうすれば学習意欲が湧くでしょう」ではなく）


相手が望ましい未来を想定したなら、あなたの役目は、その人の人生が望ましい状態になったとき（もしなったらではなく）、その次には何が起こるかもしれないか、想像するようにいざなうことなのです。

”

コーチングでは、
語り手が最初に語る展望を、
終着点ではなく
出発点としてとらえます。
そして語り手が
すでに望ましい方向に
進んでいると考えて、
そこから道を作り始めるのです。

“

自己対話のためのヒント

誰かと、話しにくいけれども避けて通れない課題について話し合わなくてはならない状況を想像してください。

- その会話がうまくいったと想定してください。あなたも相手も勇気づけられ、感謝と安堵の気持ちで会話を終えました。その会話は、ほかにどんなポジティブな効果をもたらすかもしれないと思いますか。

Notice

ストーリーの伏線を見逃さないようにしよう

私たちは母を「ママ探偵」と呼んでいました。一日中仕事で家にいないのに、帰宅して家に一歩足を踏み入れると、何でもお見通しなのです。私たちが何を食べたか。喧嘩をしたか。宿題をせずにテレビを見て過ごしたか。母は、私が空腹を自覚する前に、おやつをくれました。私のなかで悲しい気持ちや悔しい気持ちがくすぶり始めると、話を聴いてくれました。実は、私が初めてタバコを吸ってみたときでさえ、母は見事に察知したのです。手も髪もよく洗って匂いを落としたはずなのに、どうしてわかったのか不思議です。

ともあれ、私はやがて反抗期を卒業し、大学生になり、初めて親元を離れて暮らし始めました。そのときは、もう大人として生きていける、と自信満々でした。ところが3年生のとき、友情以上の気持ちを抱いていた相手と恋人同士になれず、初めて失恋を経験しました。何も手につかなくなって食欲も失い、眠れなくなりました。電話にも出ず、誰とも言葉を交わさず時間だけが過ぎていきました。

そしてある晩、散らかった薄暗い部屋に座っていると、壁に取り付けた黒い固定電話が鳴りました。私は椅子から立ち上がろうともせずに、鳴り止むのを待ちました。5回鳴って止んだのでほっとしたのも束の間、また鳴り始めたので、いら立ちを覚えつつ立ち上がり、電話に向かって重い足を運びました。5回鳴り、6回目が鳴っているとき、目を凝らしてスクリーンに表示された発信元を見ると、実家でした。7回目で受話器に手をかけて躊躇し、「きっと、ママだ」と思い、咳払いをしてから電話に出ました。

そして、できるだけ明るく「もしもし」と急ぎの用事の最中のような声を出しました。

「もしもし、ベビーちゃん」

両親が愛情を込めて私を呼ぶ名はいくつもありましたが、これはその1つです。母の声は、穏やかで優しく、思わず目頭が熱くなりました。床にへたり込んですべてをぶちまけてしまいたい衝動を抑えていると、言葉が出てきませんでした。

「今から、そっちに向かうところなの。1時間くらいで着くからね。じゃあね、姫」と母。

私が住んでいたのは実家から車で1時間ほどのところで、毎週日曜日には両親が手料理や、そのほかの食品を届けてくれていました。

「今日、日曜日?」。私は聞きました。

一瞬、間があり、しまった、聞くんじゃなかったと思いました。壁にかけてあるカレンダーを見ると、まだ先月のままです。

「今日は金曜日よ。それでね、今週末は家で過ごしてくれると嬉しいな、と思って」

帰りたい気持ちはやまやまでしたが、帰りたくない気持ちが勝ちました。両親ががっかりしないか気になりましたが、私は口を開き、「だめ、来ないで」と言おうとしました。

すると母が、「アロングも連れて行こうと思うんだけど」と言うのです。

え? アロングは私の愛犬です。その名を聞いて、私の口元が、微笑むことを思い出したかのように緩みました。小型のテリアのアロングを、両親がこんなに遠くまで車で連れ出すのは稀だったのですが。

「うん、わかった」。私は何がわかったのか自分でもわかりませんでしたが、とりあえず承諾しました。そして「着いたら、ベル鳴らしてね。降りていくから」と小声で言いました。散らかった部屋を両親に見られたくなかったのです。

通話を終えると、私は部屋の明かりをつけて、実家に持ち帰る洗濯物をかき集めました。そして、実家から戻ったときに部屋が臭いと困るので、ゴミをまとめて運び出しました。それから部屋中あちこちに転がっていたコップやマグカップも拾い集めて洗いました。両親を階下で待たせなくて済むように、腕時計を着け、ときどき時刻を確認しながらです。そんなわけで、洗濯物の袋2つとバックパックを抱えて車に乗り込んだ頃には、もうくたくたでした。

両親と一言二言交わし、私を見て飛びついて来たアロングと後部座席に座り、アロングを膝に乗せると、そのまま眠り込んでしまいました。実家に着いて、洗い立てのシーツの匂いのするベッドに潜り込んだことを、ぼんやりと覚えています。

翌日、正午近くまで眠り、目が覚めるとアロングが私のそばにいて、コーヒーの香りと、クッキーが焼けるいい匂いが、キッチンから私の部屋まで漂っていました。私はお腹がペコペコでした。

「ママ、おはよ」と言いながら、私はキッチンに入っていきました。

「おはよう、おねむちゃん。よく眠れた?」。母はそう尋ねながら笑顔で振り向き、淹れたてのコーヒーを、大型の魔法瓶に注ぎ込みました。

「うん、すごくよく眠れた」。本当に、久しぶりに熟睡できたのです。

母は、魔法瓶と車のキーを持ち上げて私に見せながら、「今日は、あなたと2人で出かけたいと思ってるの」と言いました。


手早く軽食を済ませ、私たちは車で出発しました。母の運転で2時間近い道中、私も母も無口でした。シムコー湖に着くと、母は、私が1人で座って考え事ができるように、静かな湖畔に車を停め、用意してきたビーチマットと、カフェモカやお菓子を取り出しました。そして、私の邪魔にならないくらいの距離をあけて腰を下ろし、本を開きました。

私が秋の夕陽が頬にあたるのを感じ始めた頃、母は本の終わりのほうのページを読んでいるように見えました。私が立ち上がり、オレンジ色の日差しを浴びながら伸びをしていると、母が目を上げてにっこりしました。いつもスタンバイしていてくれる、最高のママ探偵。

「行こっか」と、私も笑顔で言いました。

信じると見えてくるもの

私がジュディと初めて会ったとき、彼女は総合病院の理事長に就任したてで、新しい職務にとても意欲的だったのを覚えています。ところが役職に就いて1カ月あまり経った頃、私と話がしたいと言って電話で連絡してきたジュディは、焦燥感を隠せない様子でした。

「この病院は組織体制がばらばらで、しかも、信じ難いほど時代遅れです。1970年代にタイムスリップしたかと思うくらいですよ」

「うわあ、課題がたくさんありそうですね」と私。

「本当にひどいものです。抜本的な改革が必要です。すべて白紙に戻さないとどうにもなりません」

私は、彼女のいら立った声に驚きながら、こう尋ねました。「それは大変な役目ですね。それで、どこから手をつけようと思っているのですか」

「それが、八方塞がりなんですよ」とジュディがため息をついて言いました。「頭の固い人たちばかりで。どうして問題が見えないんでしょう。私にしか見えていないらしくて、本当に歯痒いですよ」

ジュディには、どんな変革が必要か見えていて、それが見えない人たちや、彼女の意見に賛同しない人たちに不満を募らせているようでした。


さて、ジュディのように、周りの人が変わらないと何も変わらないと感じて不満を抱いている人に、あなたならどんな言葉をかけますか。電話での対話の終わりに、私はジュディに簡単な思考実験を提案しました。「仮に、変えたいことを何でも変えられる権限があなたにあると想定しましょう」

「わあ、そうだったらいいですけど」

私は続けてこう言いました。「それだけの権限があったとして、それでも現状のまま保ちたいことはないか、職場をちょっと見回してみてくれますか」

「えっ。変えなくてもいいこと、ですか？」

「はい。例えば、ゴミ箱の位置とか、それくらい小さなことでもいいですから。現状で十分機能しているから変えなくていいものを、見つけてみてください」

ジュディは怪訝そうに答えました。「うーん、難しいと思います」

「はい、難しいかもしれませんけど」と、私は電話口でにんまりしながら言いました。「ものは試しに、やってみるだけでいいですから。そして、変える必要のないものが見つかる度に、それを誰かに伝えてください」


ジュディは、３週間後の対面セッションまでにこの宿題をやっておくと了解してくれました。そして、電話での中間報告を予定していた日の朝、ジュディの実験の経過が気になっていると、電話が鳴りました。

「ヘスン、不思議なんですよ」と言うジュディの声に、焦燥感は全くありません。そして、むしろ嬉しそうに、しかも驚きを隠せない様子でこう続けたのです。「先日お話ししてから、何かが変わりました」

「どんな意味で？」

「実は、気がついたんですけど、病院のスタッフには有能な人材が揃っているんですよ。それで、思ったほど悪い状態ではありませんでした。私が細かいところに気がつかなかっただけのようです」

「よかったですねえ。そうすると、変革したいことは何ですか」

「いくつかあります。でも、スタッフに提案してもらうことにしました。やはり現場の人が一番よくわかっているでしょうから」

中間報告は手短かでしたが、この短い会話は、その後もずっと私の心に残りました。ジュディと彼女のスタッフにとっても、そうであってほしいと願っています。

目立たないながら重要な細部がちゃんと機能していることに気づくと、物事の見方が変わってきます。周囲の人たちについて絶えず評価を下すのをやめ、その人たちが日々前進するのを見守り、いつでも手を貸せるようにスタンバイしていられるようになるのです。

あなたも、今日からぜひこのスタンスを試してみてください。そして1週間後、何かが好転したか、振り返ってみましょう。1週間前には気づかなかったのに今は見えるものは、何ですか。

”

周囲の人たちについて
絶えず評価を下すのをやめ、
その人たちが日々前進するのを見守り、
いつでも手を貸せるように
スタンバイしていられるようになるのです。

“

自己対話のためのヒント

誰でも、自分の感情の変化（感激したり不安になったり）を何らかのかたちで自覚し、表出します。あなた自身の経験を1つ思い起こしてください（できれば嬉しかったときのことがいいでしょう）。

- 何があったときでしたか。
- そのとき、周りの人が気づく前に、自分ですぐに気づいたのはどんなことでしたか。
- その後、誰が最初にあなたの様子がいつもと「違う」と気がつきましたか。その人は、あなたのどんな変化に気がついたのでしょう。
- 周囲の人は、あなたの毎日が万事順調かどうか、何を通してわかるでしょうか。あなた自身は、どんなかたちで自覚し、表したいと思いますか。

Opposite

望むものを、望まないものと並べて目立たせよう

「ママ、あたしたち3人のなかで誰が一番好き?」。幼い頃、私はときどき母に尋ねました。

「ベビーちゃん、あなたよ」

すると、その日はちょっと得意な気分で過ごしたものです。上の2人は、私のそんな幼稚な振る舞いなど意に介しませんでしたが、私自身は、自分が母のお気に入りだと信じていました。だって、母がそう言ったのですから。

そんなある日、私が居間で遊んでいると、キッチンで母を手伝っている兄の声がしました。

「ママ」

「なあに？」と、母は泡立て器とステンレスのボウルでリズミカルな音を立てながら答えました。

「ママは、ぼくたち3人の誰が一番好き？」

何、で、す、っ、て？

私は遊ぶのをやめ、2人の会話がよく聴こえるように頭だけ横に向けました。自分が母の一番のお気に入りなのはわかっていたものの、答えを聴きたくて耳を澄ましました。

「あなたよ」と母の声。

何、で、す、っ、て！？？

私は打ちのめされました。自分が感じている気持ちが一体何なのかわかりませんでしたが、まるで突然何かを失ったような気がして、矢も盾もたまらずキッチンに駆け込みました。

「ママーーー」

「あらあら、ベビーちゃん」と母は言って、腰にしがみつこうとした私のほうに向き直り、私の水色のサマードレスに小麦粉がつかないように、肘で私の頭を撫でてくれました。母の赤いチェックのエプロンに顔を半分うずめると、微かにバニラの匂いがしました。私はあらん限りの力で母にしがみつきながら片目で兄を睨みつけ、こちらを見ているかどうかうかがうと、兄はにやっとしているようにも見えましたが、何事もないかのようにジャガイモの皮を剥いています。

「ベビーちゃん、どうしたの？」と私に聞きながら、母は抱っこの代わりに、腰と肘で私の頭を挟んでくれました。

「何でもない。眠いの」。私はそう言って母の脇腹に顔をこすりつけ、べそをかきました。

「あらら、何かあったの？」。母があやすような声色で言います。

それを聞いて、「ふえーん」と、意図したより大きな泣き声が出てしまいました。

母は「ふむ」と言って私からいったん離れると、私の顔の高さに自分の顔がくるように中腰になり、「一体どうしたの」と聞きました。

「ママと2人で話してもいい?」と、私は兄に背を向け、小声で言いました。

「今すぐ? 大事なお話? あなたが大好きなクッキーを作っているところなんだけど」

「大事な話なの!」。私は地団駄を踏みました。

「そう、わかった。カルバン、ちょっといい?」

「いいよ」と兄は明るく言って、椅子から立ち上がり、キッチンから出ていきました。

母は「なあに?」と言ってテーブルに片方の肘をつき、目を丸くして私を見ています。ドアが閉まった音がしてから、私は母を見上げて尋ねました。

「ママが一番好きなのはあたしでしょ?」

「そうよ、ベビーちゃん」と母は答え、目を細めました。

「でも、今、お兄ちゃんに、お兄ちゃんが一番好きって言ったじゃない。本当は誰が一番好き? あたし? それともお兄ちゃん?」。心臓が高鳴ります。どうしても答えが知りたいのです。母はどっちかに決めなくてはいけません。

「そんなしかめっ面しないで」。母はそう言って、私のおでこにキスしました。「ベビーちゃん、あなたたち2人とも大好きよ。3人とも大好きよ。それでね、目の前にいる子がそのときの一番なのよ」

尺度の数値を前進の指標にする

私の仕事の醍醐味は、クライアントがそれぞれ悩みを乗り越える過程で、彼らのストーリーが紆余曲折を経て進展していく場に立ち会えることです。その道のりで、大きな決断や決心をしたエピソードなど、自分の意思で難局を打開した場面にくると語り手の背筋がちょっと伸び、逆に軽率なミスや何らかのロスなど不測の事態について語るとき、語り手は苦笑したりため息をついたりします。いずれの場合も、**転換点となる出来事は、その人の前進を示唆している**のです。

私は、コーチングの際、クライアントが自分自身の進度を視覚化できるように、10段階の尺度をよく用います。「10」が最もポジティブな状態、「1」はその逆です。クライアントに、自分が思い描く10はどんな状態か、具体的に詳しく描写してもらいます。そのとき、

1についてては、漠然と10の「反対」という程度の認識で構わないのです。

ある女子高生が話してくれた、彼女にとっての10は、「転校先の学校で友達になった2人の女の子と親友になる」でした。彼女が描くシナリオは、「昼休みに外のベンチで一緒にお弁当を食べる。放課後は正面の階段で待ち合わせて、一緒に歩いて帰宅する」でした。いっぽう、新任の高校の先生にとって、10は「自信を持って初日を迎える」で、具体的には「明るい声で『おはようございます』と言いながら教室に入る。にこやかに、ちゃんと生徒たちの目を見て話す。教卓をどけて、自分と生徒を隔てるものをなくす」でした。

このように、**10段階尺度**という簡単なツールを用いて、10のときの自分のイメージを具体的に描写してもらえば、その人は望ましい未来を空想の世界で疑似体験できます。語り手が思い描くイメージは、多くの場合、実はすでに体験していながら忘れている出来事と結びついています。次の会話は、実際のコーチングの対話例です。

コーチ――では、10段階尺度で、あなたが話してくれたシナリオが10で（例えば「新しい友人と親しくなる」「教員生活の第1日に自信を持って臨む」）、1はその反対だとして、今日はどの辺ですか？

クライアント―今日は4くらいです。

コーチ―4は、あなたの感覚で高いほうですか。低いほうですか。

クライアント―えっ、かなり低いほうです。

コーチ―そうですか。ということは、もっと高い数値だったこともあるわけですね。

クライアント―あったと思います。

コーチ―なるほど。では、今までに一時的にでも経験した最高の数値は何か、ちょっと考えてみてください。

クライアント―そうですね……8くらい、いや、もしかしたら9くらい、いったと思います。一度か二度は。

コーチ―わあ、そうですか。それはいつ頃でしたか？

クライアント―ええと、2週間くらい前です。

こうして、対話の相手は自分が10に近づいた経験を思い起こして語ってくれます。女子高生は、先週、天気のよい日に外で友人たちと一緒にお弁当を食べたときのことを、新任の先生は、２週間前、学校見学の日に新入生を迎えたときのことを話してくれました。

尺度上で10の反対側にある1は、自分の前進を測る目安として設けた基点に過ぎません。その点より高い数値は、進み具合の確認用なのです。ですから、たとえ現在の自己評価が尺度上の最低値でも、苦境を耐える支えになっているのは何か、さらなる下降を防いでいるのは何か、望ましい未来への希望はどこから来るのか、探索すればよいのです。そのときどきの数値は、**前進を示唆する**のであって、後退を示唆するのではありません。

”

尺度上の数値は
前進を示唆するのであって、
後退を示唆してはいないのです。
高い数値に達するために
必要なものではなく、
すでに得たもの、持っているものを
探索してください。

“

自己対話のためのヒント

あなたも今までに人生の壁にぶつかり、その経験が結果的に有益だったことがありませんか（人間関係や仕事、健康上あるいは経済的、精神的な面など）。例えば思いきって何かをやめたとき、または何かに挑戦したときかもしれません。そんな経験を1つ思い起こしてください。

- どのような思考プロセスを経て、その状況に向き合おうと決心しましたか。
- その後「正しい選択だった」「良い決断だった」と確信し始めたきっかけは何でしたか。
- その経験は、今なお、どんなかたちであなたに役立っていますか。

Possible

可能性に富む材料を駆使して、夢のシナリオの実現に相手をいざなおう

あなたには特定の買い物パターンがありますか。毎週決まった曜日に、買い物メモを片手におなじみのスーパーに出かける人もいれば、メモは自宅か車に置きっぱなしで、外出先でたまたま通りがかった店に寄る人もいると思います。私は後者です。よく言えば臨機応変、悪く言えば行き当たりばったりで、私には特定の日に決まった店に行く習慣はありません。先日の、トウモロコシが発端の寄り道がいい例です。

市外で行われた講習会の帰り道、道路脇に「採れたてトウモロコシ」という手書きの看板があるのが目にとまり、いくつか買って帰ろうと、小さな駐車場に車を停めました。納屋のような店舗に、ファミリーレストランも併設されていました。私は活気に満ちた食品

売り場を見ると、子どもの頃、母のあとについて歩いた市場の光景がほうふつとし、懐かしさが込み上げます。

さて、ファミリーレストランから漂ってくるのか、店に入る前からスモークハムやローストチキンの匂いがしました。一歩店内に足を踏み入れると、意外な広さです。入り口の左側にレジが3つあり、お客さんが大勢並んでいましたが、誰も急いでいる気配はありません。右側には買い物カートが並び、カゴも積み上げられています。トウモロコシは、そんなに重くはないはず。

そう判断してカゴを1つ取って見回すと、商品棚の通路は8つくらいありそうでした。その日は別段、急いで帰る必要もなかったので、端から順に見ることにしました。

最初の通路は文房具や工具で、農家の直売にしては意外な品揃えだな、と思いながらふと見ると、粘着テープが値引きされています。そういえば自宅のガレージの棚を補強するのにこれが要るんだった、ちょうど割引きだし、というわけで1つめの商品をカゴへ。次の通路は製菓材料。私はお菓子作りはしませんが、冷蔵庫の消臭に重宝する重曹が安くなっていました。

角を曲がると、生鮮食品コーナーが目の前に広がりました。そうそう、これを期待していたのです。「地元野菜」と誇らしげに書かれたポップが目に入りました。ジャガイモ、キャベツ、ニンジン、それに生姜もあります。私の脳裏に、ジャガイモのポタージュや、ニンジンと生姜のジュースが浮かびました。それからロールキャベツも。買い物カゴはたちまち食材であふれんばかりになり、あれも作れそう、これも作れそうと、頭のなかはおかずのイメージでいっぱいです。

レジに向かう途中、小さな袋入りのレモンに目がいきました。張りとつやは新鮮な証拠。熱いレモンティーに最適です。そこで空いているほうの手でレモンの袋をつかみます。

会計コーナーに近づくと、買い物客がレジ係のジョークに大笑いしていました。まるで、テレビドラマに出てくる小さな町の商店のような雰囲気です。私は、真ん中のレジの店員が、会計を済ませた老夫婦を笑顔で見送ったのを見計らってレジに近づきました。

そして「こんにちは」と言いながら、まずレモンをレジ台に置き、重たいカゴを両手でエイッと持ち上げました。

レジ係の女性は「こんにちはー」と、感じよく答えながら商品をレジに通し始め、「今晩はフィッシュアンドチップスですか」と、当てっこゲームのように聞きました。

「え？」

「材料から察して、フィッシュアンドチップスと、コールスローサラダ。違います？」

「うーん……」。全く思いつかなかった可能性に戸惑いながら、私は自分の買い物カゴを見つめて言いました。「これで作れますか？」

「まあ、これだと魚が抜けてますけど、あいにくうちでは扱ってないもので」。レジ係の女性は笑いながら言いました。

「なるほど、実は全然考えていなかったのですが、確かに作れますね」と私。

こうして、買う予定のなかった商品でいっぱいの重たい袋を持って車に戻り、はたと気づきました。肝心のトウモロコシを忘れていたのです！　でも店には戻らず、私は車のトランクを開けて買い物袋を積み込みました。次に行くところができたからです。魚市場が閉まらないうちに行かなくては。今晩の夕食はフィッシュアンドチップスなのですから。

夢に題名をつけ、不安を味方にする

起こり得る未来の状況を想像すると励みになる場合もあれば、逆に不安が募ってしまう場合もあります。実は、**私たちが抱く夢も不安も、自分が一番気にかけている物事が根本にある**ケースが多いのです。

例えばジェイコブにとって、宝くじに当たるという夢は、立派になって周囲に認めてもらいたいからでした。また、ジニーが職を失うのを恐れたのは、子どもたちに苦労させたくなかったからです。いっぽう、大学2年生のアンディは、試験で不合格になるのを非常に心配していました。それは夢が叶わなくなる不安からでした。

「来週に迫った学年末試験が心配でたまらないんです」

アンディは私のコーチングのセッションでうったえました。

「何の科目の試験？」と私は聞きました。

「微生物学です」

「えー、微生物学！」。私は感嘆の声をあげました。「難しそうね」

「はい、すごく難しいです」と、アンディは笑いながら言いました。

「難しいんですけど、好きなんです」

「そう、好きなんだ」と私。

「はい。好きなんですが、難しくて、まだ勉強が足りない気がします」

アンディはジーンズの縫い目からはみ出ている糸をいじりながら言いました。

私は「この試験でいい成績を取ることが、あなたにとって重要なわけですね？」と聞きました。

「はい。この試験の結果で、将来の進路が左右されますから」

「もう少し詳しく教えてくれる？」

「つまり、成績によって、生化学を専攻できるかどうか決まるんです。ですから、ある程度の成績を取らないと、来年、一般コースに進まざるを得なくなります」

私は、「そうか。あなたは生化学分野を専門にしたいわけだ」と言いました。

実現の可能性があるシナリオを思いめぐらすとき、夢と一緒に不安が頭をもたげることがよくあります。アンディは、私との短い会話の間に、夢と不安の間を行ったり来たりしました。来年、生化学を専攻したい。それが、現在アンディが思い描く輝かしい夢なのです。でも、その夢には不安がつきまといます。「試験が難しすぎたら?」「勉強不足だったら?」「試験に落ちたら?」。不安は、夢の影のような存在です。

夢と不安の大きさはほぼ等しく、周波数が異なるだけです。そこで、聴き手のスタンスとして最も効果的なのは、夢が増幅するように、周波数を合わせて共振することでしょう。

対話では、相手のストーリーの影を追わずに光を追うほうがよいのです。影の部分は、その人が光に向かって立ち、光に照らされてできる影だと考えるといいでしょう。相手が背負っている「不安」という重荷を一緒に開いてみると、その人は、自分の肩にのしかかっていた不安が、実は夢の実現への「熱意」と表裏一体だとすぐに気づくはずです。それがわかれば、不安はむしろモチベーションを高める推進力になります。

”

夢と不安の大きさはほぼ等しく、
周波数が異なるだけです。

“

自己対話のためのヒント

あなたも、「こうなったらどうしよう」という不安や「こうなればいいのに」という願望がありませんか。どちらのシナリオにも、あなたにとってかけがえのない何かが潜んでいます。

- 現在、不安の種は何ですか？　書き出すか、声に出して言ってみてください。
- 不安の一つひとつについて、次のように自問してください。

1　なぜそんなに気になるのか（何度か問いかけてみるのもいいでしょう）。
2　なかでも一番決定的な理由は何だろう（具体的に詳しく答えてください）。
3　この不安がなくなったら、どんなことが今と違うだろう。

次の想定で実際に試してみてください。

- あなたには、口にした言葉が現実になる魔法の力があるとします。自分自身や周囲の人に、どんな言葉をかけながら1日を過ごしますか。

Question

何が役立つか、何が必要かを探求し、相手が望む目的地へナビゲートしよう

旅行に出かけるとき、何をスーツケースに入れますか。あなたは荷物の少ない身軽派ですか？　それとも大荷物派ですか？　バッグに必ずしのばせる便利なアイテムはありますか？

私は、旅先のホテルで電気ケトル内部の汚れを落とす必要に備えて、少量のクエン酸をジップロックに入れて持って行きます。それから、スーツケースの中身をさわやかに保つため、衣類乾燥機用のドライヤーボールを入れておきます。それと犬用エチケット袋（生分解性素材でできているもの）です。まじめな話、メキシコのカンクンで砂浜を散歩したあと、ぬれたビーチサンダルを持ち歩くのに役立ちましたし、ロッキー山脈へ１週間のドライブ旅行に出かけた際は、車のなかにこぼした食べもののくずを集めるのにも、洗濯物を入れる

のにも重宝しました。

同行者は、私の「万一に備えた」数々の携行品を見て笑いますが、笑った張本人が、しばらくすると頭痛薬やら、切り傷用の絆創膏やら、安全ピンやらが必要になる場合も少なくありません。私がこうなのは祖母譲りだと思います。子どもの頃、祖母の大きなショルダーバッグにはいつも小さなポーチがいくつも入っていて、私たちのどんな不平にも応じる準備が整っていました。


「おばあちゃん、お腹が痛い」

祖母はバッグの中から小さなミントキャンディーを取り出します。

「おばあちゃん、暑い」

祖母が小ぶりの扇子を取り出します。それであおぐと微かにいい匂いがしました。

「おばあちゃん、お腹すいた」

すると、なんと祖母のバッグから餅菓子が出てくるのです。個別包装の袋にベタッとくっついた状態で。遠出する日には、ゆで卵まで登場し、車内に匂いが充満したものです。

私たちの背が伸びるにつれ、祖母は小さくなりましたが、祖母のバッグは逆にだんだん膨らんでいくように見えました。毎月、数日泊まりがけで訪ねてくる祖母のバッグには、私の好きなスナック菓子がいっぱい詰まっていました。たまに、思いがけないプレゼントも入っていました。私の最初のカセットウォークマンがそうです。どうしてイエローのを欲しかったのがわかったのか、謎です。

私が16歳になった年、両親がカナダへの移住を決めました。トロントへ引っ越す準備を始めた両親は、祖母に、韓国に残りたいか、私たちと一緒に行きたいか尋ねました。祖母にとってカナダはそれまで聞いたこともない、見知らぬ国でした。祖母は英語を話せず、車の運転もしたことがなく、カナダに知り合いは1人もいませんでした。それでも祖母は行くと答え、私たちは揃ってカナダへ移住しました。

それから10年間、祖母はあまり外出せず、家で過ごしました。私が大学生になって実家を離れると、祖母は、キッチンにこもって私の好物を作るのに専念しました。私は、就職して独立してからは月に何回か、祖母が好きな（と私が勝手に思い込んでいた）餅菓子やミントキャンディーを手土産に、実家を訪ねました。そして近くのショッピングモールに連れ出するのですが、祖母は、私と一緒に散歩できればあとは何も必要ないと言うので、買い物をすることはめったにありませんでした。

そんなある日、祖母が夜間に脳梗塞で倒れたと電話で知らされ、私はその日の予定をすべてキャンセルして病院に駆けつけました。あまりにも突然でした。病院へ向かう途中、祖母に「大好き」と久しく言っていなかったと気づき、もっともっと一緒に過ごさなくてごめんねと謝りたい気持ちでいっぱいになりましたが、後悔先に立たず、です。

病院へ着くと祖母の意識はなく、担当医が私にいろいろ質問しましたが私にはわからないことばかりでした。祖母が大事にしているものを自宅から持ってくるよう指示され、頭には祖母の聖書しか思い浮かびませんでした。

実家に急ぎ、2階へ駆け上がりました。いつも整頓されている祖母の部屋が少し乱れていて、救急隊員に慌ただしく搬送された様子がうかがえました。祖母は、ウォークインクローゼットを祈祷室として使っていました。聖書を探すためにクローゼットに入ると、片隅にわずかな衣類とハンドバッグがあり、聖書は小さなテーブルの上に開かれたままです。

開いたところに鉛筆が1本おさまっていました。おそらく祖母は昨夜もここに座っていたのでしょう。私は聖書を閉じて自分のバックパックにしまい、クローゼットから出ようと向きを変えました。そのとき目にとまったのが、フックにかけてある、よれよれの見慣れたショルダーバッグでした。

「えっ」と思わず声に出して魔法のバッグに手を伸ばすと、ふと、眠っているバッグを起こそうとしているような感覚を覚えました。

バッグに触れた指先に、ガサッと手応えがありました。何か入っています。私はバッグをフックからそっと外し、スナップボタンで留めてある蓋を開けて中を見ました。期限が切れたパスポート。祖父が写っている白黒写真。両親が写っている少し色あせた写真。まだそれほど色あせていない、私たち孫3人の写真。それから、見覚えのない人も混じっている、祖母の友人たちの写真。さらに、私が祖母の誕生日や母の日やクリスマスにあげたカードが1枚残らずありました。ほかのたくさんのカードと共に、全部大切に保管してあったのです。

病院へ急いで戻らなくてはいけないのに、私は祖母の存在をひしひしと感じながらその場に立ち尽くしました。祖母の愛情の深さに、胸が締めつけられる思いでした。

質問に盛り込まれた前提を見直す

どんな問いも、答えを求めて投げかけられます。**私たちが投げかける問いは、質問者自身が意識しなくても、何らかの前提を含んでいます。**そしてその前提は、質問の言葉や、言い回しに潜んでいるのです。

私はよく授業で学生に「何の前提も含まない中立的な質問を考える」という課題を与えます。すると、学生たちはたいてい「お元気ですか」とか、「お名前は?」とか「今日は何曜日ですか」などの質問をあげます。確かにこれらの質問は、相手に対する中立的な、むしろ親しみを込めた問いかけのように聞こえます。少なくとも聴き手はそのつもりでしょう。けれども、祖母が逝ったあと、誰かに何の悪気もなく「お元気ですか」と聞かれたときは、胸を突かれる思いがしました。

さて、カウンセラーやセラピストが相談者にかける言葉として、次のようなものが考えられます。これらの質問は、何を前提にしているでしょうか。

・今日はどんな事情でおいでになりましたか。
・どんなお悩みに関してお手伝いをご希望ですか。
・今、どんなお気持ちですか。

「今日はどんな事情でおいでになりましたか」という質問は、相談者が何らかの事情に迫られて訪れたことを前提としています。加えて、相談者の来訪は本人の意思ではないかもしれないという含みもあります。「どんなお悩みに関してお手伝いをご希望ですか」には、相談者は手伝いを必要としている、聴き手（カウンセラーないしセラピスト）はそれを提供できる、相談者は、何に関する手伝いが必要か自覚している、という前提があります。また「今、どんなお気持ちですか」は、気持ちについて話すのが有益だという前提に立っていないでしょうか。

これらはすべて、答えの探求というよりむしろ要求です。つまり、**質問者が相手との対話に役立つと思い込んでいる情報を提供するよう、相手に求めている**のです。そして、聞かれたほうも何の疑問も抱かずに質問に答えるので、そのまま対話が続いていきます。

コーチ―どんなお悩みに関してお手伝いをご希望ですか。

相談者―実は、ある選択に迷っていて、その決断を手伝っていただけたらと思いまして……

相談者は、コーチの質問に答えることで、質問者の前提に、暗黙のうちに同意しています。つまり、自分は手伝いを必要としており、何に関して手伝いが必要かわかっていて、コーチがそれを提供してくれる、という前提です。この時点で、コーチが立てた前提は、双方の合意による前提となるのです。

その前提には、両者の役割や能力、人物像、求めているものも付随して含まれてきます。私たちが認識する世界は、こうして私たちが発する言葉によってかたち作られていきます。**私たちが投げかける質問には、世界のありようを決める働きがある**のです。そう考えると、

「要求した分しか返ってこない（You get what you ask for）」ということわざは、そのまま対話の質問者にあてはまると言えるでしょう。

このような、問いと答えの微妙な関係は日常生活のいたるところで生じます。問いには必ず質問者の好奇心や前提が盛り込まれていて、相手に回答を求めます。どうりで、質問によっては詰問のように聞こえるはずです。あなたも、自分が人に何を尋ねているか、会話の相手に何を求めているか、客観的に観察してみてください。あなたの質問のしかたは、会話の方向性にどのような影響を及ぼしているでしょうか。

”

問いには必ず質問者の
好奇心や前提が盛り込まれていて、
相手に回答を求めます。

“

自己対話のためのヒント

家族や親しい友人に、次のような質問を1つ2つ何気なく投げかけてみましょう。最初に「質問があるのだけど」と前置きしてから聞いてください。

- 今日、心に残っている素敵な出来事は何でしたか?
- 以前はできなかったけれど、今はできるようになったのは何でしょうか?
- 一番楽しみにしていることは何ですか?
- 次第に明確になってきていることは何でしょうか?
- 苦しいときでも頑張れるのは、何が支えになってるからですか?

Recent

本人に備わっている力や資質に気づかせ、ナラティブを新しく書き直そう

「パパ、お話聞かせて」。寝る前にわくわくしながらおねだりするのが、週末の夜のお決まりでした。

母が読んでくれる本の物語の結末は、すべて覚えてしまっていました。聴き慣れた物語は子守唄のように眠気を誘ってくれましたが、父の創作の物語だとすっかり目が冴えてしまうので、週末しか聴かせてもらえませんでした。父は本を読まず、文字通り、語ったのです。

父の物語は、いつも同じように始まりました。勇気ある賢い若者が、故郷の人々を災いから救う秘宝を探しに、遥か遠い所へ旅するのです。けれども物語の終わりはいつも異な

るので、私は勇敢な主人公が秘宝を携えて帰って来るまで目をしっかり開けて聴き入りました。

父の物語の英雄たちが持ち帰ったのは、消えることのない火が灯ったランプだったり、病を癒すことのできる魔法の火打ち石だったりしました。どの物語でも必ず、主人公が不在の間に故郷は危機にさらされます。火の手が上がり、あわやというところへ、秘宝を手に入れた若き英雄が現れ、村人たちは歓声をあげ、安堵の胸を撫で下ろすのでした。


そんな物語の1つでは、主人公が夜中に故郷に戻ったとき、悪党の親分とその手下たちが村人を門の脇に人質に取っていて、人々は寒さと恐怖で震えていました。

「ただいま戻って参った。村の人たちを放せ」と勇敢な主人公が命じます。

そして手下たちが剣を抜いて主人公を取り囲んだところへ、親分がのっしのっしと近づいてきます。

手下たちが道を開け、親分が主人公の前に立ちはだかると、ゆらめく松明の明かりが、傷のある恐ろしい顔を照らし出します。親分は主人公を見下ろして睨みつけ、低い声で脅し文句を放ちます。

私はその声にぞっとして震えあがりました。そのとき、主人公がぼろぼろのケープの懐から巻物を取り出し、親分の鼻先に突きつけてから、巻物を縛ってある金色の紐の端を引っ張って解きます。巻物が開かれ、村人は息を呑みます。

ところが、そこには何も書かれていないのです。

親分は怒声を上げ、若き主人公に向かって剣を振りかざします。

主人公は「待て！」と制し、そばにいた者に松明を持ってこさせます。

親分は剣を高々と振り上げたまま。主人公が松明を受け取ります。

そして主人公が巻物の裏側に松明を注意深くかざすと、不思議なことに金の文字が浮き上がりました。親分は剣を持った手を下ろし、腰をかがめ、目を凝らして文字を読み上げます。「これを読む者は、自らの欲望が10倍になって自らを滅ぼす」。読み終えるや否や、悪党の親分はその場に膝をついて倒れ、その魂は巻物にすっと吸い込まれてしまいました。

手下たちが恐れおののいて散り散りに逃げていく間、私は毛布の端っこをぎゅっと握りしめていました。悪は裁かれ、正義が勝ちました。

「パパ、巻物はそのあとどうなったの？」

「それがわからないんだよ。この巻物はパリンプセストだったから」。父は、私のおでこにキスするために前かがみになりながら言いました。

「何だったから？」

「パリンプセストといって、まだ紙が発明される前、１０００年も昔の人たちが羊の皮で作って何度も使った巻物なんだよ」

「どうやって何度も使えたの？」

「書いてある文字をこすって消して、また新しく書くわけだけど、前に書いてあった文字もうっすらと見えるんだ」

「充実した過去」を構築する

英語の単語「recent（最近の）」の語源については、古代ギリシア語で「新たな、新鮮な」という意味のκαινός《カイノス》がもとだとする説や、やはり「新しい、新鮮な、最近の」といった意味のラテン語 *recens* から直接由来するという説があります。*recens* からは、別の英単語

「rinse（水洗いする）」も派生しました。そうした由来を考え合わせると、「recent」という言葉を、「洗って新品同様にした」「リフレッシュした」といった意味にも解釈できそうです。そうすれば、何度でも書き直したりやり直したりして使うことができる、という含みが加わり、人は悔いや怒りばかりを新たにするわけではない、という考え方に説得力が加わります。「recent」という言葉には、私たちの記憶を過去の充実した瞬間に巻き戻し、見過ごしていた有意義な出来事を思い出させてくれる働きがあるのです。

退役軍人のブライアンは、分厚いファイルに綴じたカウンセリングカルテを抱えて私のコーチングチームを訪ねてきました。彼は、過去1年間に何人ものコーチやセラピストを転々とし、PTSD（心的外傷後ストレス障害）の疑いがありました。持参したカルテには、派遣先の戦地で遭遇した事故が原因のトラウマについて書いてあり、それによると、ブライアンが所属していた部隊は帰還予定の2週間前の朝、通常通りパトロールに出たそうです。

なぜか異様に静かな朝で、彼の軍用犬がハーネスのリードを突然強く引いたかと思うと記憶が途切れ、その次に思い出せるのは、親友と愛犬を地雷の爆発で失い、自分の右足も失ったことだと記録されていました。

帰還後はふつうの市民生活に戻ったものの、日常のそこかしこに、フラッシュバックを引き起こすトリガー（誘因）が潜んでいました。例えば数週間前に思いきってスーパーマーケットに出かけてみたところ、誰かがカートを戻した際に別のカートにぶつかって衝撃音が響いたとたん、反射的にその人に組みついてしまったのです。

こうした行動は家族にも影響を及ぼしていて、彼は何とか克服したいと必死でした。私たちと向かい合って腰を下ろしたブライアンは、事故当日の不気味な朝の出来事を最初から語り始めました。

私は途中で話を遮りました。

「ブライアン、あなたは、私たちの想像を絶するものすごい体験をしたのですね」と、私は正直な感想と気持ちを伝えました。

「確かに、その通りです」とブライアンは答えました。

私は、「そして、そのすごい体験をくぐり抜けて、今ここで、ご自分とご家族のために、それを克服しようとしておられるのですね」と言いました。

「はい。おっしゃる通りです」

「どうしたら、心をそんなに強く保てるのですか。それほどの精神力を、どこで身につけたのですか」

ブライアンは額に皺を寄せ、ふと視線をそらしてから、口をすぼめてゆっくりと息を吐き出し（重度のストレスや喘息などによる息苦しさを和らげる呼吸法）、わずかにうなずきました。

それから、目を上げてこちらを見て言いました。「はい。さっきお話ししたように、あの日、タイラーとマックスを失ったとき……」（この出だしは、過去のカウンセリングのカルテと同じです）。「私もそこでもう終わりだと思いました。そのとき頭に浮かんだのは、家で待っている家族の顔でした」

私はかける言葉がなく、唸るようにあいづちを打つだけです。ブライアンは続けました。

「その瞬間を覚えています。あのとき、生きようと決めたのです。生き残ってやるぞと。絶対に家族のもとに帰らなければと。必死でした。ほかに選択肢はありませんでした……。耐え抜くことを学んだのはそのときです」

ブライアンは、そのあと地雷事故後の話の続きを語ってくれましたが、カルテに記録されたトラウマのストーリーとは全く異なる、レジリエンス（精神的回復力）のストーリーになっていました。この日のブライアンを含め、「比較的最近の体験で、前向きな気持ちになったときのこと」を回想するよう促されたクライアントが、自分でナラティブを書き換える場に、私は何度も立ち会ってきました。

例えば、37歳の弁護士アイヴォリーは、仲違い中の弟との関係修復を望んでいました。以前のように冗談を言い合える仲に戻りたいと言いました。そんな状況が少しでも回復していることを示す最近の出来事を思い出すように促すと、彼女はほんの2週間ほど前に家族で集まってバーベキューをしたときのことを話してくれました。姪たちも一緒に、ピクニックテーブルでジェンガ（積み上げたブロックを1本ずつ抜いて上に載せていくゲーム）で遊んで楽しく過ごしたそうです。

いっぽう、教員になったばかりの28歳のアヨは、子どもに過度な期待をかける保護者に、お子さんの進歩を気長に見守ってほしいと、もっとはっきり伝えなければと焦りを感じていました。でも、保護者の態度が少しでも和らいでいるのがわかる出来事が最近なかったかと尋ねると、ついこの前のスペリングテストでは、その子の成績が「Bプラス」だったにもかかわらず、その親が子どもにハイタッチをしていたのを思い出しました。

人は、もっと頻繁に起こってほしい出来事を、たとえ断片的にでも思い起こせるものです。そうした断片的な記憶を生かしてストーリーの「改訂版」を作るように促すと、その人が、まるで万華鏡を回すように、**もっと望ましいストーリーを語り始める場に立ち会える**のです。そして、**その新たなストーリーが、その人の新しいロジックになっていく**のです。

”

人は、
もっと頻繁に起こってほしい出来事を、
たとえ断片的にでも
思い起こせるものです。

“

自己対話のためのヒント

最近の1週間を振り返って、次の質問に答えてみてください。

- 自分が大切にしているものは何か、改めて思い出した瞬間がありましたか。
- 心身をリフレッシュできたひとときを持てましたか。
- そのような瞬間やひとときは、何をきっかけに得られたのでしょうか。
- 来週から、どんな瞬間やひとときが増えるとよいと思いますか。
- あなたにとって、今、何が望ましい方向に向かっていますか。

Suppose

望ましい方向への別の経路も想定し、選択肢に加えるように提案しよう

父は、長引いていた咳が2、3カ月の間に悪化し、かかりつけの医師に、まずX線検査、次にCTスキャン、それからPETスキャンを受けるように指示されました。私は、それががんの疑いがある場合の典型的な検査の順序だとは知りませんでした。

検査結果を聞きに行く日、私は両親の通訳として一緒に病院へ出向きました。がん専門医の先生がにこやかに迎えてくれたので、私は、深刻な事態でなくてよかった、と心底ほっとしたものです。先生が検査報告書に目を通し始め、私はメモする必要に備えてノートを取り出しました。

「残念ながら……」

先生の第一声に、なんて不吉な言葉で説明を始めるんだろう、と思いました。

「お父様は、ステージ4の肺がんです」

その瞬間、診察室の空気が重苦しく感じられ、先生の声が、まるでガラス越しのようにくぐもって聴こえました。私が手の震えを隠すために両手を固く握り合わせ、言葉に詰まっていると、父が私の肩を軽く叩いて尋ねました。

「先生は、何ておっしゃったのかい？」

そうでした。私は通訳するためにそこにいるのでした。たった今、私が知らされたことを、父に伝えなければなりません。


病院から戻り、私たちは実家の居間のソファにぐったりと無言で座っていました。黄昏の薄暗がりが垂れ込めるなか、部屋のなかのものすべてが重たげに見えました。私は父の隣に座ったまま、かける言葉もありません。刻一刻と夕闇に包まれていく空間を3人でぼんやり見つめるうちに、部屋の空気はますます重くなっていきます。

やっと私が口を開き、「明かりをつけてくる」と言ってソファから立ち上がりました。

父が顔を上げずに、「もっと早くに検査を受けていたら、こんなことにならなかったのかな」と、独り言のように言いました。

それは……「後悔」だ、と私は心のなかでつぶやきました。


私は照明のスイッチを入れに壁まで歩く間に、激しい喉の渇きを覚えました。天井のダウンライトをつけると、ソファに半ば沈み込むように背を丸めて座っている父のシルエットが浮かび上がりました。

「あとどれくらい、生きられると思う?」。父の声は震えていました。

これは……「不安」と、私はまるで学生に講義するように自分に解説しました。


そしてまたソファに腰を下ろし、背もたれにもたれました。

父は、「なんていうか……せめてあと2年、生きられるといいんだが」と、今度は顔を上げて私を見つめて言いました。

私は息を呑んで、それは……「希望だ」、と思いました。それまでの数年間、私はまさにこの主題について講演するために世界を飛び回っていたのです。今、私の横で苦々しげに希望を口にした最愛の父のために、私にできることは何なのでしょう。

「パパ、もし仮に……あと2年生きられるとして、というか、もちろん生きられると思うけど……その2年間に何がしたい？」

父はゆっくり身を乗り出し、両手を握り合わせながら、頭痛をこらえるかのように顔を少ししかめました。

「たぶん、ずっとやりたかったけれどできずにいたことを、やるだろうな」

「例えば？」

「お母さんと旅行するとか」

「えっ、どこに行きたいの？」

「ヴェニスと……パリと……ロンドンと……キューバと……」

「すごい。行きたい所がそんなにはっきりしてるんだ。どうして、特にそこに行きたいわけ？」

すると父は微かな笑みを浮かべ、話を始めるにあたって深呼吸をしました。

「実はね、48年前、お母さんと結婚したときに約束したんだよ。人類史上の偉大な人物のお墓参りに行こうって。彼らの功績を讃えて、敬意を表しに」

「へえ、すごい約束。ほかには何がしたい？」

私の問いに促され、父は、実は前から私の講演を客席で聴きたいと思っていたこと、書きかけの本を書き終えたいと思っていることを話してくれました。それから、韓国に里帰りして皆に別れを告げたいということも。でも、それはあと2年間生きられると仮定した場合の話でした。

「さしずめ墓場ツアーってとこだな」と父は言って、趣味の悪い冗談に自分で笑いました。

その晩遅くなってから、私が父に「おやすみ」と言いに階下に降りていくと、父がパソコンで調べ物をしていました。私は、がん治療や生命予後について調べているのかと思い、近づいてみると、父は航空券の直前割引の情報を検索していたのです。その週のうちに、両親はキューバに向けて出発し、２週間帰ってきませんでした。

父のがん闘病の日々は、こうして始まりました。

望ましい未来を設計する

後悔や不安の陰には必ず、いくばくかの願望が隠れています。私はそれを、失意の底にいる人たちとの対話から学びました。私の仕事は、その微かな希望をつかまえて注意を払い、大きく育てることなのです。私はそれを、望ましい未来の記憶を作る作業、と表現しています。

そのような対話では、聴き手は、私ならこうするとか、こんな可能性もあるでしょうなどと意見を押しつけたりせず、語り手が自分で好きなように「望ましい未来」の展望記憶を作ります。聴き手であるあなたは、相手が語る「もし○○なら実現する」シナリオの、立会人の役目を果たせばいいのです。語り手が自分に「起こり得ること」を想像する過程で、実現につながる経路がいくつも浮かびます。語り手は、望ましい未来を想像《イマジン》しながら設計する、エンジニアならぬ「イマジニア」なのです。

私のところへ相談に訪れたティナは2人の子を持つ愛情深い母親です。ところが、本人は自分はダメな親だと思っていました。ティナは対話の初めに、「多くは望みません。子どもたちが、私をいいお母さんだと思ってくれれば、それで十分です」と言いました。

私は、「お子さんたちが、あなたをいいお母さんだと思ってくれれば、十分なのですね」と彼女の言葉を繰り返してから、「お子さんたちが、あなたをいいお母さんだと思っているとしたら、それは毎日の生活にどう表れると思いますか？」と聞きました。

「私も子どもたちもゆったりした気分になって、楽しく過ごせると思います。子どもたちは私と一緒にいたがるでしょうし、悪さをしないでしょう」

「わかりました。では、お子さんたちがあなたと一緒にいたがって、ゆったりした気分でみんなで楽しく過ごすとします。そうしたら、あなた自身はどんな面が今と違ってくると思いますか？」

「たぶん、私は母親失格だという自己嫌悪に陥らなくなると思います。それから……何かしら……」

「なるほど。では自己嫌悪に陥らなかったら、代わりにどんな気持ちになると思いますか？」

ティナは、「むしろ……自分は良い母親だと」と言いかけて呼吸を整え、「あの子たちに対して罪悪感を感じる必要のない、良い母親だと思えるでしょう」と言いました。

「それでは、あなたが、お子さんたちに対して罪悪感を感じる必要のない、良い母親だと思えたのは、一番最近ではいつでしたか」と私は尋ねました。

「ええと……先週の土曜日かもしれません。ほんの束の間ですけど。子どもたちが寝る前に、私のベッドで本を読み聞かせたんです。結局みんなで私のベッドで眠りました。その日は私も一晩中、家にいられましたから」

コーチングの対話では、限られた時間に、語り手の人生の1コマを垣間見ることしかできません。後悔や不安を樹木に例えれば、語り手の望みはその枝葉のように、実にさりげなく見え隠れします。

聴き手の仕事は、その繊細な枝葉が折れたりしおれたりしないように大切に育て、語り手が、ポジティブな体験の記憶が宿る「充実した過去」からポジティブな展望記憶が作る「望ましい未来」へと物語を紡いでいくのを見守ることなのです。

”

後悔や不安の陰には必ず、
いくばくかの願望が隠れています。
どうすればその微かな希望をとらえて、
「望ましい未来」の展望記憶[訳注4]を
作れるでしょうか。

“

訳注4：認知心理学で、これから実行するべき、あるいは実行したい事項を覚えておくことを展望記憶（または未来記憶）という。例えば食後に薬を飲む、明日友人に電話をするなど近い未来の予定や、将来の進学やキャリアの計画など。

自己対話のためのヒント

解決志向のコーチングにおいて、望ましい未来を想像して設計するのに最も有効な方法の1つが、ミラクル・クエスチョンです。次の問いへの答えをじっくり考えてください。

- あなたが自分や周囲の人に起こってほしいと思う変化が、夜あなたが眠っている間に奇跡的に実現し始めると想定してください。翌朝目覚めて起き出したあなたは、自分や周囲のどんな変化に気づくでしょうか。
- 奇跡が起こった翌朝、あなたやその周囲の人の違いを20個、詳細にリストアップしてください。
- その日1日を通して、あなたのほかに誰がそうした変化に気づくでしょうか。その人たちはどう反応すると思いますか。
- 奇跡は一日中続くとします。あなたの、周囲との接し方にどう影響するでしょうか。その人たちにとっては、何が今までと異なってくるでしょうか。
- 最近の2、3日あるいは2、3週間を振り返ってください。どんなにささやかでもいいですから、すでに何か変化が起こっていますか。

Toward

避けたい方向ではなく、進みたい方向に意識を向けよう

私は、典型的な方向音痴です。例えばショッピングモールの出口から、自分が車を停めた場所と反対方向に歩き出してしまうタイプです。友人たちには、GPSは「ゴッド・プリーズ・セーブ・プアー・ヘスン（神様、哀れなヘスンをお救いください）」の略だとからかわれています。私は、携帯電話やGPSが普及する以前の若い頃、方向感覚の鈍さのせいで困った事態になった経験もあります。

そのいい例が、ある夏、インターナショナルスクールのキャンプに随行カウンセラーとして参加した際の一件です。その話にはおまけがあって、実はそのとき、今なお解せない「奇跡」のような不思議な出来事も体験しました。

私はメキシコからバスで到着した子どもたちの引率を任されました。子どもたちの年齢は7歳から14歳。その日のハイライトは、カナダで最初に開かれたハイキングルートで、ナイアガラ川の渓谷や森林の絶景を誇る「ブルーストレイル」の一部分の探索でした。私たち一行は、ハイキングルートの入り口の1つに近い駐車場でバスを降り、1時間半後に同じ場所に戻るよう指示されました。そして、万が一緊急連絡が必要な場合に備え、私はトランシーバーを手渡されました。

「ところどころ、幹に白い印がついた木がありますから、それを目印に先に進んでください」と、レンジャー(自然保護官)が言いました。私が大きな案内図の前に立ってしげしげと眺めていると、子どもたちが退屈して急かし始め、私は全員に向かって「はいはい、わかった。とにかく行ってみましょう」と言いました。

足の速い子が先頭を走っていき、木を指差してスペイン語で何やら叫んでいます。木の幹に塗ってある白い印を見つけたのです。感心感心。私たちは、間隔をおいて現れる白い印を頼りに森の奥へと入っていき、行き止まりにくると、目星をつけて曲がりました。私がスペイン語で何か言ってみる度に、子どもたちはクスクス笑いました。そして私に「アイラブユー」と「お前はバカ」と「静かに」のスペイン語の言い方を教えてくれました。足の速い子はラファエルという名前で、英語を上手に話せました。マルタという妹も一緒に参加していました。

そうこうするうちに、私はふと、道が険しくなっているのに気づきました。そこで「クイダード！」と声を上げました。「気をつけて」という意味です。私の発音をおかしがる子どもたちもいましたが、年長の子たちは私の顔をじっと見ていました。「えーと……そのへんの木に、白い印がついてない？」と私は言いました。

全員で見回しても、印のある木は見あたりません。私たちが立っている場所の地面は平らでしたが、左手3メートルあたりからは急斜面の下り坂です。右手には背丈より高い灌木が生い茂っていて、通れそうには見えません。年長の子たちは心配そうな表情を浮かべました。

私は「大丈夫。心配しないでいいからね」と笑顔で言い、トランシーバーのスイッチを入れましたが、ザザザーという音しか聞こえませんでした。周波数を調節しても、何も変わりません。すると年少の子の1人が額に皺を寄せて私のところへ来ました。

「アグア（水）」とその子が言うと、ほかの何人かも口々に喉が渇いたと言い出しました。

これでは集中できません。

私は「セレンスィオ（静かに）！」と声を張り上げました。私がトランシーバーを手にその場を行ったり来たりしている間にも、子どもたちは次第に疲れた様子を見せ、1人また1人と地べたに座り込んでしまいました。


ラファエルがそばへ来て、何か手伝えないかと小声で聞きました。

「ラファエル、あなた何歳？」

「14歳」

「そうか……何かいい考えある？」

「手分けしていくつかの方向に行ってみればいいと思う」

「それは危険すぎるから、だめ。迷子になっちゃうよ」

「違う、それぞれ3分間だけまっすぐ行ってみて、Uターンしてここに戻ればいいよ。チームワークでやれば、できる」。ラファエルはそう言って「大丈夫」と、親指を立ててサムズアップのサインをしました。暗くなりかけていましたし、ほかに選択肢がありません。

「わかった。でも本当に3分間だけだからね」

ラファエルは、早速年長の子たちを集め、3つのグループに分けました。

私は「危なそうだったら引き返しなさいね」と言ってから、「3分経ったら、すぐにUターンするのを忘れないで」と念を押しました。

「ノープロブレム」と年長の子の1人が言って、ウィンクをしました。そして偵察隊は3方向に分かれて行ってしまいました。

彼らの姿が見えなくなり、私が大声で「聞こえる?」と呼びかけると、それぞれの方向から答えが返ってきました。ところが、日が陰り始め、私の何度めかの呼びかけに誰も答えなかったので私は気が動転し、起こり得る緊急事態が脳裏に次々に浮かびました。

マルタが這って私のところへ来たので元気づけているうちに、長い長い6分がやっと過ぎ、ラファエルが茂みからひょっこり出てきました。

私はほっとして「よかった、無事で！」と言い、マルタは泣き出してしまいました。偵察に行ったほかの子たちも次々に戻り、全員が揃いましたが、結果は悪い知らせばかりです。左手には急な崖があって、その下に渓流があるらしいというのです。右手には、人跡未踏のやぶが続いていて、なぜわかるかというと、壊れていない巨大な蜘蛛の巣があるからだといいます。最後に戻ってきたグループは、印のついた木も、開けた小道も見あたらなかったと報告しました。

ラファエルが私に通訳してくれている間、ほかの年長の少年たちがスペイン語で小さい子たちに現状を伝え、小さい子の何人かは泣き出しました。私はそれまでの人生でこれほどの窮地に立たされたことはありませんでした。子どもたちに座るように指示し、全員が座ってから、お祈りをしたことがあるかと聞くと、ほとんどの子が手をあげました。

私は「お祈りしましょう。みんなも一緒にお祈りしてください」と言いました。子どもたちが十字を切って目を閉じ、一斉にスペイン語で祈り始めました。どうやら「主の祈り」訳注5のように聞こえました。私も目を閉じ、声に出してこう祈りました。

「神様、どうぞ助けてください。私たちをここに置き去りにしないでください。どうか救いの手を差し伸べてください」

私がアーメンと言い、子どもたちもアーメンと言って、皆が目を開けると、右手のやぶでガサガサと音がしました。私は飛びのき、子どもたちも悲鳴をあげました。すると、白いTシャツとウォーキングショーツ姿の青年が現れたのです。彼は私たちを見ても驚いた様子はなく、私を見てにっこり笑いました。

そして「道に迷ってるんですか?」と言いました。

「そうなんです! どっちへ行ったらここから出られるか教えてください!」と私。

自分以外に大人が現れて、心底ありがたかったのです。

青年は、あとについてくるよう手招きして、崖の方向に歩きだしました。

私は彼の後ろを2、3歩行ってから、「でも、そっちには行けないみたいですけど」と言いました。

青年は「まあ、ついてきてください」と言います。

私たちが彼のあとに続いて弓なりに曲がりながら進んでいった先に、なんと、森の上の方に向かうらせん階段があるではありませんか。そう、階段です。深い森のど真ん中に、らせん階段があるのです。さっき偵察隊の子たちが通ったはずの所に、正真正銘の階段があるのです。

「どうぞ」と青年が促しました。

どこへ続いているのかはわかりませんでしたが、私たち一行はらせん階段を駆け上がりました。そして、最後の何段かを上りきると、なんと、まだ真っ昼間でした。そして信じ難いことに、そこは集合場所の駐車場だったのです。一体どうなっているのか、さっぱりわかりません。私たちのバスが見えました。運転手さんは私たちの姿を見つけ、「急がなくていいよ」というような仕草をしました。私が後ろを振り向いて青年にお礼を言おうとしたときには、もう彼の姿はありませんでした。

訳注5：「主の祈り」は、イエス＝キリストが弟子たちに教えた、模範的な祈り方。『新約聖書』の「マタイによる福音書」第6章9〜13節、及び「ルカによる福音書」第11章2〜4節に記された祈りの言葉がもとになっている。

避けたいものより、近づきたいものに注目する

私は、コーチングの授業の初日にはいつも、空港でタクシーに乗った人と運転手さんの会話に例えて次のような説明から入ります。あなたが、初めて訪れる国に到着して空港でタクシーに乗るとします。運転手さんと簡単な挨拶を交わしたあと、「どちらへ？」と聞かれることで、肝心の行き先に会話の焦点が移ります。行き先を聞かれる前に「どちらか ら？」と尋ねられたら、怪訝に思いませんか。では、今度は、行き先を問われた乗客が次のように答える場面を想像してください。

「どちらへ？」
「遠くへ。とにかく空港から離れてください」

こんな答えは荒唐無稽です。このお客は逃亡中ではないかと、運転手さんは不審に思うのではないでしょうか。私が運転手だったら、乗車拒否するか、自分が車を降りて身を守

ろうとすると思います。

コーチングの対話に限らず、**誰かにポジティブな変化をもたらすのが目的の会話は、「どちらへ?」の問いで始まるべきですが、私たちはよく「どちらから?」という問いから始めがち**です。

これは、「問題は何か?」と問う癖のせいではないかと思います。つまり、問題を特定すれば相手が抱えている悩みを解決できる、と考えるからなのです。現在はコーチとして相談を受けている人でも、もともとの職業がカウンセラーや臨床心理士、医師、人材コンサルタント、社会福祉士、セラピストなどの場合、つい以前の癖で、「原因の究明→現状の診断→適切な治療」という思考を応用してしまいがちです。

私たちが聞きなれた「どちらから?」という問いは、「今日はどんな事情でおいでになりましたか?」と似ています。

そう問われたら、あなたはどう答えますか。「ずっとやめられずにいることがあるのですが、何とかしてやめたいのです」と言う人もいるかもしれません。やめたい何かはアルコール依存だったり、こじれた恋愛や人間関係だったり、本人が望ましくないと認識している状況です。これは、「空港から遠ざかりたい」と同種の答えなのです。

では、その人の意識を「どちらへ？」に転換させるにはどうすればよいでしょう。

次にあげる例は、私とジェリーの対話です。

ヘスン―ジェリー、よく来てくれましたね。では、今日の対話のあといつもの日常に戻って、あなたの望む方向に状況が進んでいるとしたら、それはどんな変化からわかるでしょうか。

ジェリー―うーん、力量不足の人たちと企画チームで一緒に仕事をしなくてすめば、ほっとするでしょうね。本当は、この企画そのものを外部委託できればいいんですが。何しろストレスの最大要因なんですよ。

ヘスン―なるほど。その企画のことでストレスを溜めたくないわけですね。

ジェリー―そうです。とにかく、このストレスがなくなってくれれば。

ここまでのところ、ジェリーは「〇〇をなくしたい」という、いわゆる「回避目標」を目指しています。つまり、力量不足の人たちと一緒に仕事をするという不快な状況を避けたがっているのです。実は、よくある新年の抱負は多くが回避目標です。例えば、禁煙する、減量する、お金や時間の無駄遣いをやめる、など。こういった目標を立てると、ほぼ間違いなく挫折します。

私はジェリーとの対話をこう続けました。「もし仮にストレスがなくなったら、ストレスの代わりに何が得られると思いますか？」

するとジェリーは、「休養です。頭を休められます。プロジェクトの企画や何やらがなくなって、落ち着きを取り戻せます。ストレスなしに、みんなで和気あいあいと仕事をする余裕が生まれます」

彼の答えが「どちらへ？」の答えなのがわかりましたか？

対話の初めの段階では、ジェリーは自分が何を避けたいかをより明確に意識していましたが、途中で焦点は何を望んでいるかに移っています。これを「**接近目標**」といいます。

何かをなくすことではなく、得ることを目指しているのです。なくしたいものと格闘するより、欲しいものの獲得を目指すほうがずっと楽です。

私はジェリーに「なるほど。頭を休めて、みんなで和気あいあいと仕事をする余裕が欲しいのですね」と言いました。

「その通りです」とジェリーは笑顔でうなずきました。

ジェリーの答えは、最初に口にした「力量不足の人たちと一緒に仕事をしたくない」「企画そのものを外部委託したい」と比べると、根本的に変わりました。「みんなで和気あいあいと仕事をする余裕が欲しい」という答えへの転換はどうして起こったのでしょうか。ジェリーは、単に、回避したいものから接近したいものへと、意識の焦点を変えただけなのです。

”

なくしたいものと格闘するより、
欲しいものの獲得を目指すほうが
ずっと楽です。

“

自己対話のためのヒント

私たちは、毎日、数えきれないほど大小様々な決断をします。何を食べようか、何を着ようか、何と言おうか、と。決断することは、裏返せば、ほかの選択肢を消去することでもあります。何を食べるか決めるとき、何を食べないかも決めているのです。先週あなたが行った様々な決断を思い起こして次の問いに答えてください。

- 小さな決断ながら、あなたが大切にしている何かに1歩近づけた、重要な決断は何でしたか。
- あなた自身や周りの人のためにも、早く決断すべきことはありませんか。それは何ですか。
- 接近目標（〇〇する）に転換したい回避目標（〇〇をやめる）がありますか。

Useful

過去の経験から有益な要素を抽出し、望ましい未来への役立て方を探ろう

5月下旬のヴィクトリアデーの連休が近づくと、父は散歩に出る際、必ず財布を携帯するようになります。30分経っても帰宅しない日は、きっとまた近所のガレージセールに寄り道しているんだな、と察しがつきます。父は、古めかしい栓抜きや手動式の空気入れなどのガラクタを買ってくるのです。たまに掘り出し物もあって、例えばいつぞや父が見つけてきた自転車や、ある画家の原画は今も実家にあります。

私が大学の夏休みで帰省していたある週末、散歩に出た父が、ものの15分もしないうちに戻ってきました。

「あれっ、パパもう帰ってきたの」と私。

父はにっと笑うと、いそいそと車の鍵と軍手を持ってまたすぐ出かけようとします。

「どこ行くの？」と私。

すると父は、まるで新しいおもちゃを買ってもらった子どものように、嬉々として言いました。

「ちょっと取りに行くものがあるんだ。すぐそこのお宅だけど、一緒に行くかい？」


私はついていくことにしました。家から2つめの曲がり角の街路樹の幹に、「ガレージセール」と書かれた黄色の厚紙が結えつけてあるのが見えました。道端に車が何台か停めてあり、人が10人くらい、歩道に並べられた雑貨の山を物色しています。

「パパ、何買ったの？」と私。

父はご満悦で私についてくるよう手招きし、私たちはその家のガレージに向かうアプローチに入っていきました。そこはまるでフリーマーケットです。私は父が一体何を買ったのだろうと思いながら見回しました。この2人掛けソファかな？　あのコーヒーテーブルかも。うわっ、すごい電動ノコギリがある。私たちは建物の脇の通路を抜けて、裏庭まで入っていきました。

私は「パパ、こんなに奥まで来ちゃだめだよ」と言って父の袖を引っ張りました。すると、袖をつかんでいる私の手にポンと触れて、父が「見てごらん」と言いました。父が指差す先には、大きな切り株が5つ積んであります。その1つに貼り付けてある四角い付箋紙に、「ムーン行」と書いてありました。私たちのことに違いありません。5つの切り株は、うちが買ったものなのでした。

「これー?」と、私は唖然として言いました。

父は「そうなんだよ。運ぶの手伝ってくれるか」と言って、用意してあった軍手を渡しました。

「パパ、うちの暖炉はガスストーブだってこと知ってるよね?」。父がよこした切り株を両腕で受け取りながら、私は嫌味を言いました。見ると私のシャツにはザラザラの樹皮が擦れて筋が何本もついています。

父は、「これは薪じゃあないんだよ」とご機嫌です。

そして、裏庭と歩道を往復して切り株を運び出す度に、「すみませーん。通してくださーい」と大きな声で言うのです。私は恥ずかしくて、「あのねえ、これ粗大ゴミだよ。お宝じゃないよ」と小馬鹿にした口調で言いました。

「まあ、あとのお楽しみだ」と言う父の目は眼鏡の奥で笑っています。

そのあとの数週間、父がガレージで秘密のプロジェクトにせっせと取り組む間、私たちは立ち入り厳禁で、時おり電動工具の音に混じって、父が力んで発する掛け声も聞こえてきました。でも父は夕食の時間になるとちゃんと姿を現し、疲れた様子でしたが上機嫌でした。

そして、両親の結婚記念日が近づいたお天気のよい日のこと、父は母の手をとって裏庭へと連れ出し、私たちきょうだい3人にも「除幕式」に同席するように言いました。庭に出ると、タープで覆われた小山ができていました。どうやら早朝に準備したようです。

「みんな、揃ったかな？」

父はそう言うと、タープの端っこを母に持たせ、引っ張るように仕草で伝えました。そして母がそっとタープを引くと、立派な丸椅子が5個現れました。落ち着いたアッシュブラウンの仕上げで屋外用に塗装してあり、ダイヤモンドの表面のようなカットが施されています。どの椅子にも「M」の文字が刻まれていました。私たちは目を見張り、父は母を抱きしめて言いました。

「25周年おめでとう」

過去もリフォームできる

トロント大学の卒業生向けサービスの一環であるコーチングプログラムを通して、私は多くの若い母親と知り合いました。子どもが就学するまでの何年か育児に専念し、そろそろ職場に戻りたいと考えている素敵な母親たちです。ジェイミーもその1人でした。

独身時代にはプロの写真家として20年近いキャリアがあり、結婚して住み慣れた土地を離れ、今は2人の息子さんがいます。次男が5歳になったときには、もう専業主婦歴10年になっていました。

「一からやり直しの気分です」とジェイミーは言いました。「というのも、私がプロだったのはデジタル化以前の時代ですから。当時は35ミリフィルムを使って、自分の暗室で現像していました。でも、今は誰もがプロ並みの写真が撮れる時代です。私が子どもと家で過ごしている間に世の中が変わってしまって、なんだか10年間を無駄にしたような気がします」。そう言ってからジェイミーは急いでこう付け加えました。

「あ、でも決して後悔しているわけじゃありません。子どもたちは可愛いし、私は生まれ変わっても同じ人生を選ぶと思います」

私は、「ではこの10年間に、新しく学んだり身につけたりしてよかった、と思うものはありますか？」と聞いてみました。

「えー、たくさんありますよ。母親って1人で何役もこなさなきゃならないですから。それこそ医師、看護師、教師、掃除のおばさん、料理人、秘書、と変幻自在です。フリーランスの写真家だったときに、こんなにいろいろいっぺんにこなす技が身についていればよかったのにと思います」

「そうですか。それでは、いろいろいっぺんにこなす技を身につけた今、仕事を再開したら、毎日が今とどう変わると思いますか」

「実は子育て中、収入を得る仕事はしていませんでしたが、作品作りをあきらめていたわけではないんです」

「なるほど。どんなかたちで続けていたのですか?」

「最近9カ月は、仕事の再開を念頭に置いて、デジタル技術を駆使したドキュメンタリー制作などを独学していました」

「すごい。お子さん2人の面倒をみながら、どうやって時間を捻出したのですか?」

「お母さん業をやっていると、時間のやりくりが本当に上手になります。例えて言えば、いくつもの玉を宙に投げてはキャッチする曲芸みたいなものです。私にとって創作活動は絶対落としたくない玉だったんです」

45分間のコーチングセッションの終わりに、ジェイミーは、フリーランスの映像アーティストとして、業界でやっていくのが自分にできているのがわかったと言いました。そればかりか「お母さん業をこなして過ごした日々に多くのスキルを身につけたので、結果的には育児による小休止がキャリアの継続に有利に働いて、以前よりパワーアップして仕事を再開できます」とも言いました。

そうなのです。**「時間を無駄にした」と思っていた過去が、「キャリアの継続に有利な小休止」に変わりました。**ジェイミーがこう話すのを聞いて、私はどんなに嬉しかったことか。さて、彼女の考え方はどのように変化を遂げたのでしょうか。

対話の相手が過去の出来事を語るのに耳を傾けていると、苦労や失望、災難の経験談が登場するかもしれません。でも、そうした経験がもはや過去の出来事だという事実は、大きな希望を生み出します。そこで、聴き手のあなたは、語り手が苦しい状況をどう乗り切ったか、そこから何を学んだか、今、いかにその経験が生きているか、という点に注意を払うとよいでしょう。語り手のストーリーが大きく変貌する場面に立ち会えるはずです。実践してみてください。きっとあなたにとっても心に残る経験になります。

”

過去の経験だって
リフォームできるのです。

“

自己対話のためのヒント

あなたも、人生の小休止を経験したことがありませんか。育児や介護のため、あるいは自分自身の健康上の理由や身内の不幸、新型コロナウイルスの影響や不慮の事故が原因かもしれません。結婚や離婚で生じた小休止もあるでしょう。

- その小休止（中断）をどう乗り切りましたか。その間、誰が（または何が）あなたを支えてくれましたか。
- その経験から学んだことが、今のあなたにどう役立っていますか。
- その経験を通して、今まで自分でも気づかなかった自分自身の側面についてわかったことがありますか（価値観や、これは妥協できないという基準など）。

Value

ストーリーに耳を傾け、価値観や本当の思いを聴き取ろう

「ジェニー、授業のあとでちょっと手伝ってもらいたいんだけど、いいかな？」

そう、私はジェニーと呼ばれていたのです。17歳でトロントの高校に編入した私には苦労が待ち受けていました。何しろ私の本名は、カナダ人にはエキゾチックで発音が難しかったようです。彼らなりにヘイ・スーンとかハイ・シーンとかフーセインなどと、いろいろ声に出して言ってみてはいましたが。私の名前のアルファベット表記「*Hae-sun*」は、英語のネイティブスピーカーが素直に読めば正しく言えるはずなので、なぜそんなに難しかったのか理解しかねます。

私の初登校の日、11年生（高校2年生）のクラスで先生が出席をとったときのことをよく

覚えています。

「ダニエル」

「はい」

「エリザベス」

「はーい」

「フランク」

「はい」


先生はここで一息入れて顔を上げ、老眼鏡の上半分越しに教室を見渡すと、咳払いをしてから言いました。

「ええと……ムーン？　ムーンはどこかな？」

数人の生徒がクスクス笑うのが聞こえました。「月《ムーン》」なんて名前を子どもにつける親がいるか？　と思ったのでしょう。私は、ほかの生徒は名字で呼ばれなかったので、自分が呼ばれているのか確信が持てず、黙っていました。先生は再び出席簿に目を落とし、もう一度挑戦しました。

「ヘイ……ハウ……スーン……ムーン？」

今度は、たぶん私のことだと思い、手をあげると、クスクス笑う声が教室中に広がりました。彼らには「おい、まだか、月」とでも聞こえたのでしょう。

「ああ、あなたでしたか」。先生はにこやかに言い、その声音から、私を温かく迎えてくれているのがわかりました。「あなたの名前は難しすぎるなあ。それでと、どうだろう……ジェニーって呼ばせてもらおうか。私の娘の名前と同じでジェニーはどうかな？」

さて、読者のなかには、横暴な先生だと呆れている人もいるかと思うので、念のため注釈を加えると、当時はこうしたことがふつうに行われていたのです。先生にしてみれば、外国から来たばかりの、まだ英語をろくに話せない、友達もいないかわいそうな生徒を助けてあげようとの配慮だったのでしょう。私は、英語を上手に話せないうちは、おとなしくうなずいて相手の話を理解したふりをしていました。このときも、先生が何を言っているのか定かではありませんでしたが、それをどう伝えて確認すればいいのかもわかりませんでした。

私は「はあ……」と言いながら首を縦に振りました。こうして、私が履修する科目すべての名簿に、私の新しい呼び名「ジェニー」が記載されることになりました。

私は、数学や化学など、各国共通の記号が使われる科目はよくできました。物理の先生は面白い先生だったので、授業には毎回欠かさず出席しました。いっぽう、歴史と生物は悲惨でした。授業の内容がちんぷんかんぷんなのです。そのうえ、教室にある世界地図さえ、韓国の世界地図と違うのです！（カナダ及び米国で一般的な世界地図は、左端にアメリカ大陸、右端に朝鮮半島や日本が位置する）私は最初の数週間に不満を溜めていきました。その不満を言葉にすることもままならず、私は不良グループと行動を共にするようになりました。その子たちはタバコを吸ったり、授業をさぼったりしました。

そんなある日、私はタバコの匂いを漂わせながら、物理の時間に間に合うように教室に行きました。

「ジェニー、授業のあとでちょっと手伝ってもらいたいんだけど、いいかな？」とカルーナ先生が言いました。カルーナ先生はいつも朗らかで、今にも面白いことを言い出しそうな雰囲気の先生でした。

私は肩をすくめながら、ただ「イエス」とあいかわらず乏しい語彙で答えました。

授業が終わると、カルーナ先生は教室で使ったデモンストレーション器材を運ぶのを手伝ってくれないかと言いました。歩きながら先生は「君は物理が好きなんだね」と話を振り、私が「イエス」と答えると、先生は、私が提出したばかりの宿題がとてもよくできていたと褒めてくれました。投石機を制作するという宿題でした。先生は、作るのに時間がかかったでしょう、とも言いました。

そして、教室から運んだ道具を先生の机の上に下ろしたとき、私のほうを向いて言いました。

「ところでジェニー、君が今付き合っている子たちが君に良い影響を与えていないのは、利発な君のことだから、わかっているね。せっかくこれからぐんぐん伸びる能力があるんだから、友達は賢く選んだほうがいいと、先生は思う」

私は、何となく冷めた態度で突っ立っていました。

先生は、「それからジェニー、君の作品を探すのに苦労したんだけど」と、私の投石機を指差して言いました。「HMと書いてあったから。これは何の略？」

「あ……ヘスン・ムーン。私の名前です」

「ヘスン。それは素敵な名前だ。特別な意味があるのかな？」

「あります。恵みを与えるという意味です」

愚痴をこぼすのは熱意の裏返し

カフェのフランチャイズを起業したヨシは、店舗のオーナーも務めています。カフェ事業を「パッション・プロジェクト」と銘打って頑張っていた頃は、彼の控えめな物腰から意気込みが滲み出ていました。大学のキャンパス近くに開いた小さなカフェが始まりで、その店が地元の人気を集めたので、姉妹店を何軒かフランチャイズ方式で開店しました。以後、事業は一気に成長しましたが、ヨシはフランチャイズ店の在庫管理に不満を募らせていました。

私はヨシとのコーチングセッションで、「あなたの事業で変えたいことと、変えたくないことは何ですか」と尋ねました。

「ベーカリー製品の保存期限は厳重に守ってもらいたいんです」とヨシは言いました。

商品によっては4時間以内、比較的長持ちするものでも8時間以内に完売するのが理想です。各店舗のオーナーは、フランチャイズ契約の条件に含まれる営業方針の遵守に合意していながら、ヨシが抜き打ち検査を行うと、方針を守っていないことがよくあるそうなのです。ヨシは、オーナーが売り上げを最大限にしたい気持ちはわかるものの、品質の妥協は困ると言います。商品の保存期限の遵守こそ、彼のカフェ事業の要なのです。

私は「保存期限にそこまでこだわるのはなぜですか」と、尋ねてみました。

「保存期限は、単なる規則ではありません。お客さまへのお約束です」

「約束ですか？　お客さんに何を約束するのですか」

「いつでも必ず焼きたての商品を提供します、という約束です」。そしてヨシは力を込めてこう続けました。「安心で良質な食品の約束です」

「良質な食品の約束なんですね」と、私は反復しました。

「そうです。私の商売は、そこを妥協してしまったら何も残りません」。このとき、ヨシの真剣な表情が急に笑顔に変わりました。「あ、いい考えが浮かびました。これからはこのポリシーを『グッド・フード・プロミス』と呼ぶことにします！」

ストーリーに耳を傾けていると、聴き手も語り手も次第に熱が入ってきます。相手が語るストーリーのなかに入って聴き入るうちに、何が大事な点かが見えてきます。つまり**語り手にとって伝える価値のある**ものと、**聴き手にとって聴く価値のある**ものです。そこで、聴き手であるあなたは、ストーリーのどの要素に注目するかを選ぶわけです。

ストーリーには、そもそも語り手がなぜ変化を望んでいるのか（目的）、変化の実現にどんな手順を選んでいるか（手段）、変化の成果として何が得られそうか（可能性）、何がすでにその方向に向かっているか（前進）のプロットがあります。聴き手が、この「目的」「手段」

「可能性」「前進」の筋書きを拾いながら耳を澄ませると、「規則違反の物語」も、「顧客への約束を確かなものにする、躍進の物語」になるのです。**人が愚痴をこぼすとき、そこにはその人の価値観が隠れています。**

”

ストーリーに耳を傾けていると、
聴き手も語り手も
次第に熱が入ってきます。
相手が語るストーリーのなかに
入って聴き入るうちに、
何が大事な点かが見えてきます。

“

自己対話のためのヒント

集団には必ず規則があります。家族も例外ではありません。規則には公式のルールや暗黙のルールがあります。例えば、ゴミ出し当番など、さほど重要でない決まりもあれば、因習的な人間関係の決まりごとやタブーに関する掟などもあります。

- あなたの家庭にはどんなルールがありますか。特に、家族以外の人から見ると変わっていると思われそうな、暗黙のルールがないでしょうか。
- あなたの周囲の人は、どんな規則や方針について、よく不平をこぼしますか。
- 今あなたがあげた規則や方針の目的が何なのか、考えてみてください。何を約束または保護するために設けられたのでしょうか。

Wonder

相手のロジックを尊重しつつ、別の解釈や行動もさりげなく提案しよう

「では皆さん、今日の授業で学んだ内容を、日常生活でどんなふうに応用してみようと思いますか？」

私は、コーチングの授業の第1回を締めくくる際、よくこう問いかけます。受講生は早速取り入れたいと思っているアイデアがたいてい頭のなかにあるものです。それを言葉に言い表すことが、学びの過程で重要なのです。

けれどもこの日は、私はこの質問をするのを躊躇しました。

というのは、受講生の1人が何となくつまらなそうにしているように見えたからです。彼は一日中ほとんど発言せず、ノートも取っていなかったので、この講座の内容に意義を見いだせないのだろうか、と気になりました。それでも、私はいつもの問いを投げかけました。すると意外なことに、その彼が手をあげたのです。

「はい、アル」と私。

「実は昼休みにこれを買ってきたんです」と言いながら、アルはマーカーらしきものを取り出しました。

「マーカーを買ったのですね……」

「ええ。ホワイトボード用のです」

「なるほど。どんなアイデアか教えてもらえますか」

「自宅のバスルームの鏡に、娘あてにポジティブなメッセージを書こうと思うんですよ」

娘思いの一面をうかがわせる発言に、教室の空気が和みました。私は密かにほっとして言いました。

「わあ、楽しいアイデアですね。そうしたら次回、結果を報告してもらっていいですか」

次の授業までの1週間、私はアルの実験がどうなったか気になっていました。翌週私が教室に入っていくと、アルはほかの受講生数人と賑やかに談笑していました。私が「おはようございまーす」と言いながらアルに視線を向けると、彼は満面の笑みです。私のあとに続いて何人か受講生が入ってきて、ほどなく全員が着席しました。

私は「はい、それでは、この1週間に前と比べてよくなったこと、はっきりわかったこと、変わったことは何ですか」と問いかけました。第2回の授業は、よくこの問いで始めます。アルが少し恥ずかしそうに挙手しました。

「はい、どうぞ」と私。

アルは娘さんあてのメッセージのその後について話してくれました。先週、帰宅してすぐバスルームに行き、鏡にこう書いたそうです。「テイラーへ。パパは、テイラーがとっても思いやりのある子で嬉しいよ。大好きだよ。パパより」。そして、愛情を込めたメッセージを大きなハート型で囲みました。

翌朝、アルと奥さんの耳に、2階で娘さんが起床してバスルームに行く足音が聞こえたかと思うと、階段を駆け降りる音がしました。そして娘さんはアルに抱きついて、「パパ大好き」と言ったのです。

次の朝アルがバスルームに行くと、今度はテイラーからのメッセージが書いてあったそうです。「世界一のパパへ。パパ大好き。今日もお仕事頑張ってね!」。メッセージの周りには小さいハートがたくさん描かれていました。こうしてアルと娘さんは、朝一番の嬉しいサプライズを贈り合ったのです。

心温まるエピソードに、教室のみんなが顔をほころばせました。

「そこで終わらないんですよ」とアルが子どものように目を輝かせて続けます。鏡のメッセージを、職場でも書いてみようと思いついたそうなのです。アルの職場はレストランで、彼は約40人の従業員の上に立つ支配人でした。翌日、アルはマーカーを持って従業員より早く出勤し、職員用トイレの鏡に「いつもありがとう。スタッフの皆さんのおかげで最高の毎日です」と書きました。

そのあと、誰かがメッセージに気づいて反応するのを楽しみに待ち構えましたが、誰も何も言わないのです。アルはがっかりすると同時に不審に思い、その晩、メッセージがまだあるかどうか見に行くと、彼が朝書いたまま、ちゃんとありました。なのに誰一人として何も言わないとは。

そこで、もっと目立つ所に、明るい前向きなメッセージを2つほど書き足しておきました。次の日、従業員が出勤し、何度もトイレを使用しているにもかかわらず、鏡のメッセージに気づく人はいないようです。解せないまま、もう1日だけ試すことにしたものの、アルはこのアイデアに自信がなくなってきました。誰も気にもとめないのでは、と。それでも、今度こそと、その日の出勤者一人ひとりにあてて、感謝のメッセージを書きました。ところが、それでも誰も気づかないか、あるいは気づいても何とも思わないかのようでした。

「落胆したのなんのって。腹立たしくさえ感じましたよ」。アルは言いました。聴いている私たちも、彼の実験の成り行きが心配になってきました。従業員の人たちは一体何を考えているんでしょう。

アルは続けました。「それがですね、翌朝いつもより遅めに出勤したら、職場がざわついて落ち着かない雰囲気なんです。どうやら前の晩、お掃除の人が鏡を拭いてしまったらしくて、スタッフが、私のメッセージが消されてしまったと憤慨して知らせにきました。蓋を開けてみれば、みんな私のメッセージを読んでくれていたんです」

一件落着に私たちも安堵し、教室が笑いと拍手の渦に包まれました。この話には、まだ続きがあります。店の従業員も互いにメッセージを書き合うようになったばかりか、お客さん用のトイレの鏡にメッセージを書くスタッフも出てきたそうです。すごい話ではありませんか。しかもすべて1週間のうちに起こった出来事です。

アルの報告のあと、全員が順番に同様の体験談を披露し終えると、もう休憩時間でした。思い思いにコーヒーやスナック菓子を買いに行くなどし、私はお手洗いに行きました。そして洗面台に向かってふと目を上げると……まるで魔法で現れたかのように、目の前の鏡には、大きなハート型におさまった、元気が湧くメッセージがありました。

アドバイス上手な人は、相手の生き方のロジックをまず理解する

本当に役に立つアドバイスを提供できる場面は、実際どれくらいあるでしょうか。相手が年下だったり、人生で初めての経験に戸惑っていたり、組織内での地位があなたの「目下」だったりすると、つい「わかる。私もそうだった。そういうときはね……」と、純粋な親切心から助言したくなるものです。そんなときの大義名分は、「しなくていい苦労をしてほしくないから」

幼児のいる親は、新生児のいる親に、「睡眠トレーニングは絶対にやったほうがいいよ」と勧めるかもしれません。

聴衆を鼓舞するのが仕事のモチベーショナルスピーカーは、家族との関係がうまくいっていない10代の子にも、「夢を追いかけて、最高の自分になろう！」と呼びかけます。

また、医療機関の教育担当者が、コロナ禍の医療に携わる人たちに向かって、「まず自分の心身をいたわりましょう」と言ったりするのです。

このようなアドバイスには、「ごもっともだけど……」という反応が返ってくるのがオチでしょう。

新生児の親は、「赤ちゃんが、放って置かれていると感じたらかわいそう。うちの子には向かないと思う」と反論するかもしれません。

10代の子は、「うちの家族がどんなに石頭か、一緒に住んでいなきゃわからないんだから、簡単に言わないでほしい」と、ますますいら立つのではないでしょうか。

憔悴した医療従事者は、「目の前で患者さんが亡くなるんですよ。その場に居たこともない人に言われたくありません」と反発するでしょう。

対話に臨む際は、その人の生き方については、本人が一番よくわかっていると考えてください。

コーチングの対話における聴き手の役目は、**「この人はどんなロジックに則って生きているのだろう?」と探索し、相手の生き方のロジックの証人となること**なのです。そのとき、あなた自身のロジック（周りの世界をどう認識し、筋道を立てて解釈するか）が邪魔すると、相手のロジックを引き出せないかもしれません。相手のロジックを理解しようと努めなければ、見当違いな意見を言ったり、現実的でない提案をしたりするのが関の山です。

誤解のないように付け加えると、私は、聴き手であるあなたが相手のロジックに建設的なインプットを行う意義を否定しているのではありません。ただ、本当に相手の役に立つ最善の方法は何だろう、と思いめぐらしている次第なのです。

そこで、自分のアドバイスが本当にその人に役立つだろうか、と思案してから言い直してみるとどんな感じになるでしょうか。先ほどの3つの例で考えてみましょう。

「赤ちゃんが寝てくれなくてママが寝不足だと辛いよね。すでにいろいろ対策を考えているとは思うけど、睡眠トレーニングを試してみたらどうかな」

こんなふうに提案したら、新米ママはどう答えるでしょうか。

「家庭で君がどんな思いを味わっているか私にはわからないけれど、夢をあきらめたくないのは確かだよね。じゃあ、家庭の事情のあるなしにかかわらず、本当はこうでありたいと思う自分の姿を想像してみたらどうだろう」

このように、未来の自分を思い描くよう促されたら、その子はどう反応するでしょうか。

「コロナ禍の医療現場で働いておられる皆さんの心身のご苦労は、想像も及びません。こんな状況下でもご自身のケアを怠っていない皆さんに頭が下がります。一体どのように日々の重圧を耐えて乗り切っておられるのですか」

こう問われたら、看護スタッフは、自分の毎日のどの側面を思い浮かべるでしょうか。

「すでに実践している、間違っていないこと」、つまり「資産」でしょうか。それとも、「やるべきなのにやっていないこと」、すなわち「負債」でしょうか。

あなたも、次回誰かに助言したいと思うとき、まずは自分がその人の立場ならどんな気持ちか、思いめぐらしてみてはいかがでしょう。その人は、どんな能力を発揮して頑張っているでしょうか。それをあなたが承知していることをどう伝えたらよいでしょう。そうしてその人に備わっている「資産」の証人となりつつ、あなたの見地から何を貢献できるでしょうか。

”

あなた自身のロジック
（周りの世界をどう認識し、筋道を立てて解釈するか）
が邪魔すると、相手のロジックを
引き出せないかもしれません。

“

自己対話のためのヒント

テクノロジーの進歩のおかげで、「なぜ?」「何だろう?」と不思議がる機会が減ってしまったように思います。立ち止まって自分で考えるより、ついGoogleアシスタントやSiriやAlexaに答えを求めてしまいがちではありませんか？　AIアシスタントは、私たちが思いつきもしなかった問いの答えまで教えてくれます。インターネットをはじめサイバー空間に広がる世界は、有無を言わせず私たちを注意散漫にします。そこで、「なぜ?」「何だろう?」と思いめぐらす力をつける練習問題を用意しました。

- あなたが朝一番、または就寝前に必ず行うルーティンや、おまじないのような習慣で、やる気が湧いたり、心が落ち着いたりする効果があるのは何ですか。
- 今あなたがいる場所で、周囲を見回してください。何が目にとまりましたか？　それはどんな材質でできていますか？　何に使うものですか？　それが口をきけるとしたら、どんな不平をこぼすでしょうか。また、あなたにどんなアドバイスをくれそうですか?
- 明日、思いがけない嬉しい出来事が待っていると仮定します。それはどんな出来事ですか？　その嬉しい出来事に、あなたはどう反応しますか?

X on a Scale

成長や前進の目安に尺度を利用しよう

あなたも自宅を改装したことがあるかもしれません。当初の思惑に反してどんどん大がかりになり、長期間を要する大工事になってしまうのはよくあるパターンです。私の実家もそうでした。そもそもはバスルームの洗面台を新調したかっただけなのです。実家のバスルームは、私が覚えている限り、長年何の手も加えられていませんでした。その洗面台も、トイレもバスタブも、60年代をほうふつさせるベビーピンクで、茶系のツートンカラーのリノリウムの床は、角がめくれ始めていました。

ある日、父と兄と私で壁紙（ゴールドの蝶の模様でした）を剥がしていると、壁紙の下の壁面に、鉛筆でつけた印が見えました。私たちが最初に見つけたのは「ジム・R、1964」という書き込みでした。

そして壁面の半分近くを占めていた鏡を取り外したとき、鏡があった場所に、今度は数字がいくつか現れました。おそらく、鏡と照明の位置を決める際に記した寸法の覚え書きです。大きな鏡の裏には日付印が押してあり、「Made in West Germany」の印字もありました。西ドイツ製。ということは、鏡もかなり年季が入っています。

壁紙をほぼ剥がし終わり、最後にドアの周りの部分に取りかかると、もとの壁の、ちょうど胸の高さの位置に「テリー　77・10・11」という書き込みが見えました。すぐ横には2センチくらいの横線が引いてあり、その少し下には「ジミー　78・5・3」という書き込みと、同じような短い線がありました。残りの壁紙を剥がしていくと、「テリー　76・12・23」「ジミー　77・12・23」という具合に同様の書き込みや線が続き、床に近づくにつれ日付が古くなっていました。

「そうか！　ここで身長を測ったのかあ」と、父が感嘆の声を上げました。「テリーとジミーは、子どもたちの名前だ！」

父は握っていたヘラを置いて壁際に行くと、床に片膝をつき、軍手をはずして身長の記録を手でなぞりました。まるで、そこに立って身長を測ってもらっている子どもたちのおでこを撫でるように。子どもたちのお父さんであろう「ジム」に会ったことがなくても、息子たちの成長ぶりを測る彼の姿を思い浮かべたのでしょう。父の顔に笑みが広がりました。このときの父の様子を思い出すと、今も胸がきゅんと切なくなります。

尺度上のどの点も前進の印

ここで、10段階尺度の話を思い出してください。

よく私はクライアントに、「10段階の尺度で、10が自分の人生に満足していてこれで十分と思える状態、1がその正反対の状態だとします。今のあなたはどこにいますか？」と聞きます。そして、ホワイトボードにマーカーで尺度を描き、クライアントには尺度上に「X」の印をつけてもらいます。ときには床にテープを貼って尺度に見立て、該当する地点まで歩いてもらうこともあります。1から10のどの数字を選ぶかは、クライアントに任せます。

クライアントが数字を決めたら、今度は私が尺度のどの数字に関心を向けるか決める番です。どの数字だと思いますか。

「今の自分は、ここです」とマハムッドは言いました。彼が立ち止まったのは、床の尺度でだいたい2のあたりです。

私は半歩ほど歩いて彼の隣に立ち、「はい、この辺ですね」と言いました。

「ええ。まだまだ先は長いです」。マハムッドはあごで尺度の端を示して言いました。

私が「そうですか。では、1を振り返って……」と反対方向を指すと、彼が言いました。

「まあ、2カ月くらい前はそこでした」

そこで私は、「たった2カ月の間にそこからここまで来られた要因は何でしょう」と聞いてみました。

「実は、仕事のスケジュールを大幅に変更して、週に1日は家族と過ごす日を確保するようにしたんです」

「では、そのようにスケジュール変更をしてご家族との時間を確保した結果、どんな面でポジティブな変化が見られますか」
「それはもう効果絶大です」と答えてマハムッドは笑顔になりました。「何と言っても、仕事の能率が上がりました。働かなきゃいけない日が1日減ったと思うと」

私もマハムッドと一緒に笑いました。
「子どもたちも、私が携帯やパソコンの画面をひっきりなしに見ずに遊んでやるので、喜んでいます」。マハムッドは、ほかにも家族や同僚との関係に現れた良い影響について話してくれました。そして、「そう考えると、今の自分はもうちょっと先にいますね」と朗らかに言って、床のテープの上を前進しました。私も一緒に進みました。

尺度を用いた対話がこのように展開すると思い出すのが、バスルームの壁に記された成長の記録です。考えてみれば、壁に将来の身長の印をつけることはあり得ないですよね？　子どもたちに向かって、「来月は身長何センチになるかな？　来年は何センチだろう？」「来年の10月までに、この線に届くように頑張ろう」なんて言ったら変です。それなのに私たちは、何の疑問も持たずに将来の成長を前提に会話を進めがちです。身長の記録は、記録した時点ですでに達している背の高さに決まっています。

「どうやってXまで来ましたか」という問いは、「どうやってXに到達しようと思いますか」という問いとは、発想が全く違います。尺度上の「X」は、すでにどれだけ成長したかをわかりやすく示すための印であって、これから遂げなければならない成長の度合いを表すものではないのです。

”

尺度上の「X」は、
すでにどれだけ成長したかを
わかりやすく示すための印であって、
これから遂げなければならない
成長の度合いを
表すものではないのです。

“

自己対話のためのヒント

自分の成長を振り返るのに役立つ尺度を用意しました。このページに直接「X」印をつけるもよし、別に紙を用意して尺度を描くもよし、自由にやってみてください。

- 次の7つの項目における成長（前進）の度合いを、10段階尺度で測ってみましょう。なかには今のあなたにとって特に切実な項目があるかもしれません。自分の力がフルに発揮されている状態が10、その正反対で、自分が情けないと思う状態が1です。尺度上に「X」印をつけてください。

身体的側面	1――――――――――――10
感情的側面	1――――――――――――10
金銭的側面	1――――――――――――10
知的側面	1――――――――――――10
対人関係	1――――――――――――10
精神的側面	1――――――――――――10
仕事・キャリア	1――――――――――――10

- このなかから、もう少し突き詰めてみたいと思う2項目を選び、それぞれの「X」の位置を見てください。もっと低い数値ではなく今の数値にいるのはなぜでしょうか（もし1に印をつけたなら、どうやってそこで何とか持ちこたえているのか考えてみましょう）。答えは少なくとも10個出してください。

- あなたが選んだ2つの項目に相互関係がありませんか。片方がもう一方にどう影響するでしょうか。

- 前ページの尺度を使って自分を振り返った結果、わかったことや思いついたことは何ですか。

自分の成長を楽しみに待つよう励まそう

Yet

空港で誰かの到着を待ったことはありますか。

花束を抱えた人。「ようこそ」と書いたプラカードを持った人。到着ロビーをうろうろしながら、時おり、電光掲示板に表示されたフライトの到着時刻を確認する人。到着ゲートの曇りガラスの自動扉が開く度に、皆の視線が集中し、出てくる人はまるで有名人になった気分でしょう。また、出迎えの人と到着した人の関係がわかる場面も見かけます。待っている人の1人が氏名の書かれた紙を高く掲げたかと思うと、誰かと握手しています。出張で訪れた人のようです。いっぽう、小ぶりのスーツケースを引いた若い女性が、出迎えの人混みに遠慮がちな視線を走らせています……。

「ローラ！」と、花束を抱えた若い男性が駆け寄り、続いて、空港には少々場違いな熱い口づけ。ローラさんの恋人ですね、と私たち野次馬はニヤリ。

ゲートの扉が開き、今度はロープでまとめたスーツケース数個とテープで補強された段ボール箱が山積みのカートが現れ、荷物の陰に、カートを押すポーターの帽子がかろうじて見えます。扉口の床の段差を越える際、積み上げられた荷物が傾き、私と周囲の数人がハッと息を呑み、誰かが「お引っ越しね」とつぶやきます。

大荷物をのせたカートに出迎えの男性2人が近づくと、ポーターの後ろにいた小柄な老婦人の表情がパッと明るくなり、老婦人は両手を伸ばして若いほうの男性の顔を手のひらでぎゅっと挟んで両頬にキスします。おばあちゃんと孫でしょう。

私たちは、こうして通りすがる人々を眺めながら、彼らの人生のストーリーに思いを馳せます。


また自動扉が開き、迷彩服を着て超大型のリュックを背負った男性が現れ、扉口の段差をまたいで出てきました。ロビーが一瞬静かになりました。

「パパ！」。幼い声が響き、私たちの視線は父親に向かって走る小さな子の姿を追いました。迷彩服の男性は歩くペースを落とし、その顔に笑みが広がったと思うと、ひざまずいて両腕を広げました。

「パパ！　パパ！」。幼い子は呼び続けながら、父親の腕のなかに飛び込みました。

親子の再会に、見守る私たちも思わず目を細め、誰からともなく感嘆のため息がもれます。でもまだこの親子から目を離せません。父親は視線を人混みに向け、幼な子を連れてきた大人の姿を探しているようです。彼の視線が注がれた先に、私たちの視線も止まりました。彼は子どもの手を握ったまま、軍人らしく背筋を伸ばします。

1人の女性が、はやる気持ちを抑えきれない様子で足早に近づき、2人は会話ができるほどの空間を挟んでたたずみ、互いの存在を確かめるように無言で見つめ合います。ハグしないの？　彼女は泣いているの？　彼はどこから帰還したんだろう？　私たち野次馬が見守るなか、彼は片手を伸ばして妻の頬をそっと包み、その手を彼女が握ります。2人は何か言葉を交わしましたが、私たちには聞こえません。2人の抱擁は、ただ「お帰り」というような短いハグではなく、「本当にあなたなのね」「本当に僕だよ」と言っているような、長い、感慨深い抱擁でした。

幼な子は両親の脚にかじりつき、顔を2人の間にうずめました。どこからともなく拍手が湧き起こり、迷彩服の彼は私たちに軽く手を振って、家族と共に人混みを離れていきました。私は、この一家はその晩どんなストーリーを語り合うのだろう、とふと思いました。

「わからない」を「まだわからない」と解釈する

17歳のライリーは、45分間のコーチングセッションに40分遅れて私の相談室に姿を現しました。私はその1週間ほど前、予約に訪れた母親に同行していたライリーと、一度顔を合わせていました。


「あら、ライリー！　ギリギリ間に合ったわね」

「はあ」。戸口に立つライリーの片方の肩からバックパックが今にもずり落ちそうです。

「どうぞ。座ってちょうだい」。私は立ち上がって対話用のテーブルのほうへ移動しながら声をかけました。ライリーはスウェットのフードをかぶったまま、私の正面の椅子にどさっと腰を下ろしました。

「さて、ライリー。学校の帰りに直接来てくれたの？」

「はあ」

「じゃあ、残り時間が短いけど、この機会にライリーが話したいことは何かな？」

ライリーは肩をすくめ、「わかんないです」とぼそっと言いました。

「そう。まだわからないわけね」

「はあ」

「今ちょっと考えてみる？　それとも、頭のなかにはすでに考えがあるのかな？」

ライリーは息を吸い込んで、「というか、誰にもとやかく言われたくないんです」と答えました。

「どういう意味？」

「母に来させられただけだから」

「そうか」

「それに、前にやってたこと、今はもうやってないし。親が大ごとにしているだけで」

「え、やめたの？」

「やめました」

「で、お母さんは、やめたことまだ知らないわけ？」

「母には関係ないですから。わざわざ周りの人に言う必要ないし」

「なるほど。お母さんには、大ごとにしてほしくないし、とやかく言われたくないわけね」

するとライリーは、「もう子どもじゃないんだし」と、呆れたように言いました。「もう大人なんだって、いいかげんわかってほしいです」

「なるほどね。お母さんはあなたがもう大人だってこと、まだわかってないわけね」

「わかってないです」

「それじゃあ……お母さんに、あなたが大人だとわかってもらうには、どうすればいいと思う？」


私にこう問われてライリーは、母親にとやかく言われたくなければ、話すのが面倒でも、自分の考えが変わったことを知ってもらう努力をするしかないと、ようやく気づいたようでした。母親にはまだ、今年はもっと学業に専念しようと決めたと伝えていなかったのです。麻薬をやめたこともまだ伝えていませんでした。

ライリーは、私との15分間の対話の終わりに、どうしたら母親とうまくコミュニケーションをとれるか考えてみると言いました。

そして、「じゃ、また来週お願いします」と別れ際に言いました。

私は「オーケー」と笑顔で答えました。というのは、次のセッションの予約はまだ入っておらず、私としては、彼はもう大丈夫だと思ったのです。

対話は、語り手に、目的地に着いた自分の未来の姿を垣間見る機会を与えてくれます。つまり、**対話を通して語り手は自分の生き方の証人になる**のです。

誰もが何らかのかたちで自助努力をしているはずです。ですから、対話の相手が備えている能力や強みの手がかりが表れるのを待ち構えてみましょう。そして、そうした資質が語り手の言葉に表れ始めたら、あなたは、相手の意識を、そのとき起こっていること、つまり目前に展開しているその人自身のストーリーに、さりげなく誘導できますか?

ストーリーは、待ち受ける私たちの目の前にやって来ます。あなたはただ、到着を待てばいいのです。

”

対話は、語り手に、
目的地に着いた自分の未来の姿を
垣間見る機会を与えてくれます。
つまり、対話を通して語り手は
自分の生き方の証人になるのです。

“

自己対話のためのヒント

「まだ」という言葉は、期待の余地を生み出します。

- あなたの人生で、まだこれから起こることは何か、考えてみてください。
- 習ってみたいとずっと思っていながら、まだ実行に移していない習い事は何ですか。
- あなたが昔からよく知っている、大切な人を思い浮かべてください。その人がまだ手に入れていないもので、いつかぜひ手に入れてほしいとあなたが願うものは何ですか。
- あなたには、今、ぐんぐん伸びている領域がありますか。あなたはこれからどんな人に成長していきそうですか。

これからの進歩に意識を向かわせよう

Zero

子育ては、一筋縄でいかないときもあります。もとい、一筋縄でいくわけがありません。新型コロナウイルスの感染拡大をきっかけに、私はすでにティーンエイジャーになっていた甥っ子2人を預かることになりました。姉夫婦が医療従事者だからです。父の亡きあと、母と一緒に暮らし始めた私は、寂しくなった実家に甥っ子たちが加わって賑やかになれば、母も気が紛れてちょうどいいだろうと考えました。2人を預かるくらい何でもないと、たかをくくっていたのです。

最初の頃は、甥っ子たちは終日家でオンライン授業を受けていました。私も終日家でオンライン講義をしていました。お互いの生活のペースに慣れるまで、想像した以上に時間がかかりましたが、最も難しかったのは、コミュニケーションです。2人には何を言っても、「だって何もない」という言い訳が返ってくるのです。

例えば私が「朝ごはんは自分で適当に用意して食べてね」と言ったときのこと。ジェレミーは不服そうに冷蔵庫の扉を閉めながら、「でも、何もないじゃん」と言うのです。何もない、はないでしょう。牛乳、ヨーグルト、バター、ジャム、トースターで温めるだけのワッフル。冷蔵庫は食糧でいっぱいではありませんか。

別の日には、私は玄関を出ようとするネイサンに「真冬なんだから、そんな薄着で出かけちゃだめよ」と声をかけました。

ところがネイサンは面倒くさそうに「だって着るものが何もないし」と言って、マフラーも帽子も手袋も身につけずに出ていきました。は？　1階の引き出しにいろいろ入っているでしょう。

週末には、「ちょっと2人とも、どうしてお昼まで寝てるの」と、ときどき見かねて声をかけました。

2人は同時に、「することがないんだもん」と、見事にハモって答えます。

「することなんていくらでもあるでしょう。あなたたちの部屋、少しは片付けてちょうだいよ。宿題は終わったの？　お天気がいいんだから外に行きなさい」

思春期の甥っ子たちの、無関心でやる気のない態度に業を煮やした私は、度々母に愚痴をこぼしました。母は、私の不平に笑顔で耳を傾けます。ある日、例によって私が甥っ子たちの態度について文句を言っている最中に、ジェレミーが眠そうに目をこすりながらキッチンに入ってきました。とっくに正午は過ぎていたので、私は非難の視線を投げました。

母が「あら若殿、もう十分寝たの？」と朗らかに尋ねます。

「あ、おばあちゃん、おはよう」。ジェレミーはあくびをしながらもごもごと言うと、冷蔵庫の扉に手を伸ばしました。

私は「もうおはようの時間じゃないでしょ」と言い放ちました。

返事はありません。

食糧でいっぱいの冷蔵庫の両開きの扉を全開にして、ジェレミーはまるでなかが空っぽのように凝視しています。母が「何か作りたいものがあるの？」と尋ねました。

ジェレミーは「あー、うん」と答え、卵2つとワッフルを取り出しました。たまたま一番手前にあったからでしょう。

「あら、目玉焼き？　ゆで卵？」と母が尋ねます。


私は、ママったら、たぶんガスコンロの点火のしかたも知らない子に、どうしてそんなこと聞くの、と心のなかでつぶやきました。

ジェレミーは「え、あ……」と言うと、卵をガスコンロの横に置きました。

すると母が、「ゆでるんなら、おばあちゃんの分も作ってちょうだいな。ゆで卵が食べたいなと思っていたところなの」と言うのです。


これには意表をつかれました。何しろ母がブランチを終えてから、小一時間も経っていなかったのです。

ジェレミーは「いいよ」と気軽に答えると、私に「おばちゃんも食べる？」と聞きました。

私はお腹がいっぱいだったものの、むげに要らないとも言えず困っていると、母が横から「あらーよかった。ジェレミーが私たちの分も作ってくれるんですって」と言い、ちょうど鍋に水を入れていたジェレミーをおだてるのです。

私がガスコンロの火をつけに椅子から立とうとすると、母が私の膝にそっと手を置いて制しました。ジェレミーは卵をあと2つ冷蔵庫から取り出し、4つ全部を鍋に入れ、慣れた手つきでガスコンロに点火しました。そして、塩ひとつまみとお酢をキャップ1杯、鍋の水に足したのです。

私は目を見張りました。私が小さいとき母に教わった、殻にひびが入らないようにゆでるコツです。それをジェレミーも知っていたとは。

母が「よく知ってるわねえ」と、お世辞でなく本当に感心した様子で言い、私も正直、彼を見直しました。

ジェレミーは、私たちの驚きをよそに「だっておばあちゃんもおばちゃんもそうしてたから」と言い、ワッフルをトースターに入れました。

私が「ジェレミーが自分で朝ごはんを作れるのがわかって、おばちゃん安心した。何たって朝ごはんは1日で一番大事な食事なのよ」と調子よく言うと、ジェレミーはキッチンタイマーをセットしながら、「おばちゃん、もう午後だから、これはお昼ごはんだよ」と私の間違いを正し、「半熟と固ゆでとどっちがいい？」と聞きました。

前進を前提とする

「解決志向アプローチ」の共同開発者であるインスー・キム・バーグとスティーブ・ド・シェイザーは、必ずしも常に同一の視点を共有していたわけではなく、それぞれが若干異なる視点から対話に臨むこともありました。両者が互いの視点を尊重する姿勢をインタビュー等で論じたのを、私もよく知っています。

例えば尺度のコンセプトを用いた質問は、スティーブの場合は次のようになります。

コーチ──では、ゼロから10の尺度で、あなたは自分が今どこにいると思いますか。

クライアント―ええと……今日はゼロですね。

コーチ―今日は、かなり苦しい日なわけですね。

クライアント―はい。

コーチ―では、あなたは現在のような状況……つまり今日のようにいろいろな面で苦しい日を、どうやってしのいでいますか。そもそも、今日こうしてここに来る気になれたのは、なぜだと思いますか。

いっぽうインスーの場合、尺度を用いた質問が微妙に異なります。クライアントがすでに前進していることを前提にするので、数字が少し違うのです。

コーチ―では、1から10の尺度で、あなたは自分がどこにいると思いますか。

クライアント―たぶん……1です。1ないし2です。

コーチ―1か2ですか。かなり苦しいわけですね。

クライアント―はい。

コーチ―でも、それに屈せず頑張っているんですね。へこたれずに。

クライアント　はい。

コーチ　では、あなたが頑張れる原動力は何ですか。ゼロではなくて、すでに1ないし2にいるのはなぜだと思いますか。

この例は、比較のために設けた架空の対話ですが、どの点で異なっているでしょうか。
また、名コーチ2人の方法の共通点は何でしょう。

まず、相違点は**尺度の最低値がゼロか1か**という点です。いっぽう共通点は、コーチが**クライアントの前進に焦点をしぼって質問を展開**していて、クライアントが足踏み状態にあるという見方はしていない点です。

私たちがふだん友人や家族や同僚と交わす会話のなかで、相手が「モチベーションがゼロ」だとか「何の見通しもつかない」とか「お金が足りない」とか「チャンスがない」と嘆くことがあると思います。一見、話題は「足りないもの」のようですが、あなたには、その人が大切にしているもの、その人に備わっているものの話に聞こえてきませんか？

そこで、「モチベーションが湧かないときでもあきらめずに踏ん張れるのはなぜ？」と問いかければ、その人は、そもそも自分がどうしてあきらめたくないのか思い出すかもしれません。そうすると、その人は目標に一歩近づくことができます。この対話のしくみを思い出していただけましたか？

また、「お金が十分ないにもかかわらず、どのようにやりくりして家族を養ってこられたのですか」と尋ねれば、苦しい状況でもうまく回っているのは何かが見えてきて、実は状況は前向きなのだと気づくきっかけになるかもしれません。

もうおわかりですね？　相手にこのように問いかけると、思わしくない状況や対人関係に対処するためにその人自身が駆使している能力に、気づいてもらえるのです。そして、その人には小さな成功を1つずつおさめていく力が備わっているという点にスポットライトが当たります。

たった二言三言の会話でも、人は、思っているよりもずっと望みに近づいている自分に気づくのです。このプロセスを、コミュニケーション学では「**資源アクティベーション**」といいますが、私は平凡な日常の魔法と呼んでいます。

”

人は、思っていたよりも
ずっと望みに近づいている自分に
気づくのです。このプロセスを
「資源アクティベーション」
といいますが、私は
平凡な日常の魔法と呼んでいます。

“

自己対話のためのヒント

皆さんも「グラウンド・ゼロ」という言葉を聞いたことがあると思います。何か重大な異変の中心地で、その事件や、そこにかつて存在したもの、その事件がなければ今あるかもしれないものを想起させる場所を、グラウンド・ゼロと定義していいでしょう。

グラウンド・ゼロは、私たちの心に慚愧や恐怖や怒りの念を呼び覚ます根源的シンボルになってしまう例がよくみられます。でも、そこで終わりではないのです。グラウンド・ゼロは、失われたものに勝るものを再建していく可能性の大きさにも気づかせてくれるのです。

- 人生のグラウンド・ゼロを経験したことがありますか。それを乗り越えて得た教訓は何ですか。
- そのとき感じた迷いや不安や怒りを克服する助けになったのは何でしたか。
- 今、あなたはグラウンド・ゼロの真っただ中かもしれません。この体験を乗り越えたあと、何を教訓として心に刻みたいと思いますか。この経験がこれから何の土台になると思いますか。

謝辞

そもそもの始まりは、私が生まれるより遥か昔にあったのかもしれません。遠い先祖から祖父母の代へと、家族の物語は脈々と続いてきたのでしょう。私は祖父2人を含め、何世代か前の親族については、家族から伝え聞いたエピソードを通してしか知りません。そうしたエピソードを折りに触れ語ってくれたのは祖母2人です。家族の物語は、これからもずっと続いていくのでしょう。私自身も新たな章の始まりとなって、次の次の世代くらいまで、語り継がれるのかもしれません。

私たちが日々紡ぐストーリーは、私たちの生き方となり、そして私たちの人生もまた、1つのストーリーとなります。こうして連綿と続くつながりのなかにあって、私は親族一人ひとりに心の底から感謝の気持ちでいっぱいです。この一続きの絵巻のなかに生まれ、それぞれのストーリーを始め、受け継いだストーリーの続きを描き、ときに描き直しながら物語を編纂してきた親族あっての私なのですから。

私は父の存命中に本書の執筆を始めました。そして父が希望を持って人生の終わりを迎えたとき、最終章を書き終えました。私の心に癒しのストーリーを余りあるほど残してくれた父には感謝しきれません。

母は、私が4歳のときに書くことを教えてくれました。その時点で本書はすでに形を成し始めていたと言っていいでしょう。私が子どもの頃、母は毎晩、私の日記にメッセージを書いてくれました。今なお、どん底の日も真っ暗闇の日も、母の深い愛情が私を支えてくれています。

そして、私の強い味方で良き相談相手の姉ジェイミーと兄カルバンは、私が慢心しないよう冷静に見守ってくれる頼もしい存在かつ、ときには私の心配の種でもあります。とはいえ基本的には一緒にいると楽しい、かけがえのない姉と兄です。これからもよろしく。

無二の友人であるボー・ヨンは、私が抱え込む無用の心配を吹き飛ばす才のある希有な存在です。私の研究アドバイザーと被験者の2役を務めてくれてありがとう。もし世の中の人が皆ボー・ヨンのような友に恵まれていたら、世界は癒されるのにと思います。

人は対話を通して共に変化を起こせる、と開眼させてくれたのは、ピーター・ディヤング氏です。同時に私は聴く耳も開かれました。そこで、私は本書が口の役割を果たして解決志向の対話法を広め、解決志向の対話が日常的に行われるようになってほしいと願っています。

ピーター・ザボ氏からは、コーチの役目は相談者を目的地への軌道に誘導することだと学びました。それだけでなく、肩の力を抜いて遊び心を持つ姿勢をザボ氏から学んだからこそ、私はコーチングをあきらめず、学び続けて今に至っています。本書で紹介した数々のストーリーは、その過程でめぐり逢ったものです。

解決志向型カウンセリングとの最初の出会いは、ある夏期講習でした。その講習で人生が変わったと言っても過言ではありません。「よい変化を起こしに行ってください」というシンプルな激励の言葉をかけてくれたロンに感謝します。

私が休養と余暇と仕事に費やす時間を配分よく確保できるようスケジュールを組んでくれたベイリーには頭が上がりません。彼女の才腕なくしては、本書はいまだに単なる夢に過ぎなかったでしょう。

また、私の文章を磨き上げてくれたジョンは、私の文章家としての自覚も向上させてくれました。よいと思うところは的を射たコメントで純粋に褒めてくれたおかげで、私の文章家魂が呼び覚まされました。

そして、駆け出しコーチ時代から現在に至るまで、クライアントの皆さんにはコーチングのしかたを教えてもらっていると言えます。今も、セッションごとに、前よりもよい対話ができるように学ばせてもらっているのです。

それから、貴重な時間を割いて私の講義を受講し、私を信頼して個人的な経験談も分かち合ってくれる生徒の皆さんには「教え方」を教わってきました。皆さんの質問が刺激になって、もっとよい教師になろうと頑張れます。まだ新米の頃の2、3年間は、授業のあと駐車場で愛車に座り、恥ずかしさと情けなさでいっぱいの気持ちでいたのを思い出します。でも、虚心坦懐に講義に臨むよう皆さんに少しずつ鍛えてもらいました。

最後になりましたが、本書の出版を担ってくれた「ページ・トゥ」のチームの一人ひとりに厚くお礼を述べたいと思います。常に鷹揚に構えてテキパキと作業を進めてくれたトレナ、ケンドラ、ジェニー、ケイラ、ピーター、ジェニファー、メーガン、そして今後もお世話になる多くのスタッフの皆さん。本書は、チーム全員の奮闘の賜物以外の何ものでもありません。

本を1冊作るのも、言ってみれば村が総出で取り組まなければ、書き手1人の力では実現しません。今度は本書を読んでくださった皆さんが、身近なところで解決志向の対話の輪を広げてくださり、村おこしの動きが広まるように、あちこちに解決志向の村ができることを期待しています。

資料

【録画】

Better conversations: How to listen so that they will talk [Video]. (仮邦題：よい対話とは：相手が話したくなる聴き方［動画］). McMaster Alumni Talk. https://alumlc.org/mcmaster/6209

Creating Meaning Together: The power of dialogic intelligence [Video]. (仮邦題：対話が意味を生む：語り手と聴き手の知の協同作業［動画］). Coach X lecture for the Institute of Coaching, Affiliate of Harvard Medical School. https://vimeo.com/393719042

Powerful Coaching [Video]. (仮邦題：パワフル・コーチング［動画］). Coach X lecture for the Institute of Coaching, Affiliate of Harvard Medical School. https://instituteofcoaching.org/resources/coachx-haesun-moon-powerful-coaching

【ブログ】

Coaching: Watching your language (仮邦題：コーチング：何気ない言葉に潜む先入観). Institute of Coaching blog (2017, February 16). https://instituteofcoaching.org/blogs/coaching-watching-your-language

【書籍・論文】

Coaching: Using ordinary words in extraordinary ways (仮邦題：ふつうの言葉を効果的に使うコーチング). S. McNamee, M.M. Gergen, C. Camargo-Borges, and E.F. Rasera (Eds.), *The SAGE handbook of social constructionist practice* (pp. 246–257).

Making progress visible for learners of solution-focused dialogue (仮邦題：解決志向アプローチの対話の成果を可視化する). *Solution Focused in Organisations*, 11(1), August 2019, 4. https://www.academia.edu/40084382/Making_Progress_Visible_for_Learners_of_Solution_Focused_Dialogue

The masterclass: A heutagogical approach to learning solution-focused conversation（仮邦題：マスタークラス：解決志向の対話への自己調整学習理論《ヒュータゴジー》的アプローチ）. *The InterAction collection of solution focus practice in organisations* 12 (2020). https://www.sfio.org/interaction/2020-1/a-heutagogical-approach-to-learning-sf-conversation/

Thriving women, thriving world: An invitation to dialogue, healing, and inspired actions（仮邦題：女性が前進すると世界も前進する：対話がもたらす癒しと勇気の連鎖）. Collaboration with Diana Whitney, Jessica Cocciolone, Caroline Adams Miller, et al. Taos Institute (2019). https://www.taosinstitute.net/product/thriving-women-thriving-world-an-invitation-to-dialogue-healing-and-inspired-actions

Coaching A to Z ——未来を変えるコーチング

発行日 2023年6月23日 第1刷
2023年9月 1 日 第2刷

Author
ヘスン・ムーン

Translator
監修：伊藤守
訳：田村加代（翻訳協力：株式会社トランネット）

Book Designer
加藤賢策（株式会社ラボラトリーズ）

Publication
株式会社ディスカヴァー・トゥエンティワン
〒102-0093 東京都千代田区平河町2-16-1
平河町森タワー11F
TEL 03-3237-8321（代表）
03-3237-8345（営業）
FAX 03-3237-8323
https://d21.co.jp/

Publisher 谷口奈緒美
Editor 牧野類

Marketing Solution Company
飯田智樹 蛯原昇 古矢薫 山中麻吏
佐藤昌幸 青木翔平 小田木もも
工藤奈津子 佐藤淳基 野村美紀
松ノ下直輝 八木眸 鈴木雄大
藤井多穂子 伊藤香 小山怜那
鈴木洋子

Digital Publishing Company
小田孝文 大山聡子 川島理 藤田浩芳
大竹朝子 中島俊平 早水真吾
三谷祐一 小関勝則 千葉正幸 原典宏
青木涼馬 阿知波淳平 磯部隆
伊東佑真 榎本明日香 王廳 大﨑双葉
大田原恵美 近江花渚 佐藤サラ圭
志摩麻衣 庄司知世 杉田彰子
仙田彩歌 副島杏南 滝口景太郎
舘瑞恵 田山礼真 津野主揮 中西花
西川なつか 野﨑竜海 野中保奈美
野村美空 橋本莉奈 林秀樹 廣内悠理
星野悠果 牧野類 宮田有利子
三輪真也 村尾純司 元木優子
安永姫菜 山田諭志 小石亜季
古川菜津子 坂田哲彦 高原未来子
中澤泰宏 浅野目七重 石橋佐知子
井澤徳子 伊藤由美 蛯原華恵
葛目美枝子 金野美穂 千葉潤子
波塚みなみ 西村亜希子 畑野衣見
林佳菜 藤井かおり 町田加奈子
宮崎陽子 新井英里 石田麻梨子
岩田絵美 恵藤奏恵 大原花桜里
蠣﨑浩矢 神日登美 近藤恵理
塩川栞那 繁田かおり 末永敦大
時任炎 中谷夕香 長谷川かの子
服部剛 米盛さゆり

TECH Company
大星多聞 森谷真一 馮東平 宇賀神実
小野航平 林秀規 斎藤悠人 福田章平

Headquarters
塩川和真 井筒浩 井上竜之介
奥田千晶 久保裕子 田中亜紀
福永友紀 池田望 齋藤朋子 俵敬子
宮下祥子 丸山香織

Proofreader 株式会社鷗来堂
DTP 株式会社RUHIA
Printing 日経印刷株式会社

ISBN978-4-7993-2943-6